BREAKTHROUGH

迈克尔·富　兰
彼　得·希　尔　　著
卡梅尔·克瑞沃拉
孙静萍　刘继安　　译

突　破

教育科学出版社
·北　京·

对《突破》的赞誉

“很感谢这本令人激奋、理念丰富的书，我喜爱这本书，并从中获益匪浅。”

戴维·康利
俄勒冈大学教授
著有《谁来管理我们的学校?》

“一本教育工作者可以用来转变课堂实践和教学策略的非常突出、优秀的书。该书的重要理论建立于个人化教学的基础之上。这种个人化教学将为当前的实践提供信息服务。我向大家特别推荐此书。”

布伦特·戴维斯
英国赫尔大学教授
著有《学校领导的要素》

“富兰、希尔和克瑞沃拉提供了一个教学模式，教师可以用它来向那些需要及时帮助以掌握某种技能的个体学生提供精确的教学策略——同时又不会掉进‘指令性陷阱’而成为其牺牲品。他们的关键路径理念为教师提供了一个很有力的理论框架来整合学前测试、教学重点、能力评估、数据分析和在岗培训，从而进行精确化教学，实现持续提高。而且，他们雄辩地阐明这个模式不仅是悦人心意的，而且迫在眉睫，切实可行。那些有兴趣找到概括性的学校改革动议与切实影响课堂实践的具体策略之间联系的人一定会珍爱这本书。”

理查德·杜富尔
教育顾问
著有《专业学习团体在行动》

“这是一本及时的、给人启迪的书。富兰、希尔和克瑞沃拉剖析了教学和领导的复杂性，并且提供了一个有力的方法来解决问题。这个方法是通过个人化、精确化教学和教育者的职业学习来实现针对所有学生的学习而进行教学。通过把学习评估，结合教与学的领导，课堂教学以及学区、政府的角色职责结合起来，作者给我们提出了一个整合的途径来实现‘突破’，以打破标准化教学这片贫瘠的土壤对当前教育的损害。”

迪安·芬克
多伦多大学安大略教育学院教授
著有《人类领导学》

“《突破》是罕见的透彻理解了个人化教学的重要性和需要调动整个教育系统向这个方向努力的几本书之一。富兰、希尔和克瑞沃拉清晰具体地阐释了围绕学生设计课程时需要什么，从教室以外更广阔的层面推进课堂教学意味着什么。他们对于评估怎样指导教学和怎样把评估整合到课程设计过程中的表述是示范性的。”

戴维·霍普金斯
HSBC 教育改革国际互联网国际领导主席
伦敦大学教育学院
著有《提高对所有学生的教育质量》

对《突破》的赞誉

"《突破》分析了几个非常棘手的问题——怎样在大规模范围内培育高质量的课堂教学，怎样在既存和已知的实践领域和知识基础上实现这一点。这本书提供的解决办法值得所有有兴趣进行教学改革的人仔细研究。"

肯尼思·利思伍德
多伦多大学安大略教育学院教授
著有《让学校变得更聪明》

"《突破》探索了饶有兴趣的个人化课堂教学这个根本性变革的可能性——而且提供了令人信服的理由。我尤其喜欢'关键路径'这个组织教学的概念。"

迈克·施莫克
教育顾问
著有《结果：通向学校持续改革的钥匙》

"《突破》指出了一个有效改革的新定义和通向有效改革的新途径——它以有力指导各层教育工作者行动的理论为基础，以新的方式把个人化教学、精确化教学和职业学习有机地结合起来。他们提供了实际的路径帮助读者把理论应用于自己所在的实际环境中。在改革之前，请先阅读此书！"

托马斯·A. 瑟吉欧万尼
莉莲·雷德福教育教授
特瑞尼提大学（得克萨斯州）
著有《道德领导》

对《突破》的赞誉

“这是一部很有雄心、很及时的书。《突破》是那些真正有兴趣进行学校改革的人们的重要读物。富兰、希尔和克瑞沃拉切中要害，研讨了改革的核心问题——以证据为基础提高教学。”

詹姆士·斯皮兰

学习与组织奥林教授

西北大学（伊利诺伊州）

著有《分布式领导》

“《突破》具有对我们的教育思维作出重大贡献的潜力。该书所倡导的个人化教学是大胆的。它已经存在于我们教育系统内部，把它展现出来是非常重要的。这本书很及时、适时。”

卡罗尔·安·汤姆林森

弗吉尼亚大学教授

著有《平行课程》

“该书清晰地、透彻地审视了为什么教学应该被看作是关于学习的不断学习的过程。一个思维上的真正的突破，直中要害地剖析了人们所追求的保证所有学生的学习的系统应该是什么样的。”

格兰特·威金斯

教育顾问

著有《通过设计来理解》

译者的话

在21世纪培育人才增强国力的世界洪流中，中国正在掀起新一轮的教育改革浪潮。纵览世界他国相关领域的改革，把握教育改革的国际最新动向对中国的改革可能有重要的参考价值和借鉴作用。富兰、希尔和克瑞沃拉总结了加拿大、澳大利亚、英国和美国等多个国家系统性的教育改革研究与实践成果，综合自己、前人和他人的理论，突破传统教育思维，提出了教育改革的新范式。他们提出的关键教学路径的思想和方法以及针对性课堂教学3P模式具有一定的前瞻性和实践性。本书在促进当今世界教育发展，帮助学者和教育工作者转换思维和实践方式等方面具有重要意义。应广大读者的需求，我们翻译了此书。衷心地希望本书对读者们有所帮助。加拿大教育家富兰先生很关注中国的教育改革，关心中国的读者。在我们的邀请下，他特地为中国读者写了“致读者”的一封信。这封信更有助于读者体会本书的精髓和作者的主要思想。我们在翻译的过程中，得到了富兰先生的极大支持，同时也得到了加拿大语言专家和有关中小学教育专家的多次帮助以及教育科学出版社的大力支持，在这里向他们一并表示衷心的感谢。

孙静萍　刘继安
多伦多大学安大略教育学院
2008年7月

致读者

为迈克尔·富兰、彼得·希尔 和卡梅尔·克瑞沃拉所著
《突破》在中国出版特别作序

中国的教育工作者对我们25年来所从事的教育改革的研究表现出浓厚兴趣，这对我是一种鼓励。我于2000年到北京访问，于2004年再次来到北京，会见了成百上千的校长和政府、地区以及地方上的教育行政领导。中国的教育工作者对我们教育改革产生如此强烈的兴趣，进一步促成了我所著的“变革的力量三部曲”被翻译成中文。

在“变革的力量三部曲”里，我清晰地阐释了“三级”教育改革的理念，它包括制定政策和策略来针对和联系教育的三级层面：(1) 地方上的学校和社区；(2) 地区教育机构；(3) 政府。我们已经在加拿大安大略省取得了令人瞩目的成绩，自2003年以来实施的三级改革策略就是其中一例。在这一阶段，4 000所小学的语文和数学教学得到了实质性的改善，900所中学的高中毕业率得到非常大的提升。同时，教师、校长和区领导的士气也提高了（见Fullan，2008a）。

在《突破》里，彼得·希尔（香港考试及评核局秘书长，近期退休），卡梅尔·克瑞沃拉（世界级语文教学顾问）和我一起合作，提出和回答了我们需要做什么才能在所有学校实现语文和数学的全面达

标。我们提供了以课堂教学为中心的教学模式。这个模式是希尔和克瑞沃拉研发并测试通过的，称为关键学习指导路径（CLIP）。最大的问题总是实施。对于实施的问题我们采取更大范围的改革策略，并建议改革要以道德为核心，并以我们所说的3P模式来驱动，即个人化教学（针对每一个学生的个体需要开展教学），精确化教学（教学要精确到与学生的需求相联系），以及教师、校长的专业学习（这种专业学习是嵌入到学校每天的日常文化里去的）。

通常，在西方国家，计划最好和资金最充足的学校改革在其提高教学的努力上也只获得很小的成就。就我们的发现看出，主要原因是没有致力于教学质量。《突破》针对这个问题，提出了直接致力于完善教学以获得重大改革成功的方法。

中国有300 000 小学正着手于改革，之所以对我们的大规模教育改革有强烈的兴趣是显而易见的。这里，我总结了八项策略，相信那些在中国实施改革的人们会很感兴趣：

1. 转换学校校长角色（请见 Fullan，2008b）；
2. 改革需要侧重教学；
3. 能力培养应是改革策略的核心；
4. 要发展专业培养社区；
5. 设计策略使学校彼此之间互相学习——我们称之为横向能力建构；
6. 把学生成绩作为改革的策略之一并服务于绩效机制；
7. 政府和教育部扮演新角色；
8. 关于改革策略要进行双向交流。

我们相信，《突破》中的改革理念为任何国家从事于大规模教育改革且希望通过改善课堂教学来让所有学生获益提供了一个必要的、重要的工作重心。中国的教育改革面临着极大的挑战，因为其教育系统庞大，人员众多，改革目标十分宏伟。我们非常感激中国教育工作者对我们工作的兴趣，而且很高兴看到我们的研究越来越多地被翻译成中文。我们衷心祝福中国的同仁能在近期取得教育改革的成功，愿他们取得突破性的成就。

迈克尔·富兰
多伦多大学安大略教育学院名誉教授
安大略省长教育方面特别顾问
2008 年 7 月 4 日

目 录

目 录

序

在我的字典里，突破的定义是：

一个突然的、重大的发现或者进展……而且/或有重要意义地……克服一个已被感知的障碍，使得某个过程得以完成。

本书的作者描述了一个路径，一个过程，一个模型。他们认为这将是一个有冲击力的、前所未有的变革，能将庞大的教学系统从当前经过艰苦努力却只获得有限的成功，提升到完全不同的状态。他们不止一次地使用**临界点**这一术语来形容这场变革。就社会动力机制而言，临界点是当能力或者被压抑的需求递增到某一点时，发生突变进入到完全不同的状态。

我自己在过去30年的工作中一直受“持之以恒地工作”这一宗旨的影响。这句话来自古老的犹太民间故事，被散文家艾尔文·豪采风到（1969；又见 Elmore & McLaughlin，1988）。

序

在这个故事里，一个村民被派到村外的大门口，警告村民弥赛亚人的到来。过了数十年，一个村民问他为什么一直做这个工作。他回答，“薪水虽然低，但工作很稳定。”我的工作使我逐渐增加对公立学校文化所固有的力量和韧性的认识——包括根深蒂固的信念、结构、象征，这种机构的功能越来越紊乱和过时。在公立学校的世界里，突破和临界点不是最恰当的比喻，用又大又厚的橡皮带来形容似乎更贴切些。固有的文化伸展着，看起来像是到了突破（临界）点，接着它又猛地缩回到原来的样子。迄今，改革者最好的想法，也没有被证实能与强大的文化惯性相匹敌。我逐渐相信，改革不是“改变”学校的制度和实践，而是不慌不忙地以一种文化代替另一种——与转移墓地的工作没什么两样。学校改革的特点是不慌不忙和持续改变，而不是突然改变。

绩效要求的出现显著增强了学校改革的舆论氛围和影响力。容易获得学生成绩数据，这更给改革者加油鼓气，至少在言论上，出现了急需改进学校教学的白热化气氛。那些经常与学校合作的研究者，包括本书的作者们——能够前所未有地接触到大量学校和学生的信息，他们通过使用这些信息将改革的迫切感带进实践当中。除此之外，系统的数据使我们发现了格外优秀的学校——那些看来是挑战原有文化的学校，并使用这些特例来建构使学校以完全不同的方式运转的前景。急迫感加上已存在的证据，使人相信**所有**学校都能做少数优秀学校已经做到的事情。但是，根深蒂固的旧习经常允许那些优秀学校的存在，而且这些优秀学校的比例往往越来越大，却从未让这些学校对整个系统产生过影响（Elmore，2004）。事实上，公立教育使自己合法化的首要办法，就是致力于将这些优秀学校作为动荡的改革取得成功的证据，并期待有朝一日，这样的改革迟早会转变整个系统。

所以《突破》是一本反其道而行之的书。它提出一种与过去的研究不同的学校改进的观点，描述出一幅比以往研究更加乐观的大规模改革的前景。在这个意义上，它是对他人，包括我自己对大规模改进持更多怀疑态度的矫正。但是，本书的读者应当意识到他们正进入到一场关于公立学校成功和失败的条件的世纪辩论中。他们应当准备好改变一套古老的、根深蒂固的文化标准、实践、结构和制度。不管你是否接受作者关于突破和临界点的观点，或者你的工作理念更接近稳步前进的思路，决定成功的动力是一样的。我们需要很好地了解这些动力。

本书作者给了我们一个大胆的模型，囊括了过去十年来领先的研究者和实践者从示范学校所学到和总结的成功要素。这个模型将关注把个体学生学习和改善教师工作条件的急迫需要连接起来。它还把教学实践的工作理论与支持该实践的制度条件以及使实践持续进行的领导技巧和知识的工作理论联系起来。该模型的中心有一些非常有力的指导思想，其中包括：教学实践能够达到精确的标准而又不失其力度或灵活性，学习应当同时既是个人化的又是普遍化的，能力评估可以在个人和集体的层面上划出改进的途径，系统必须对教师的教学决定作出及时反应。作者们同时仔细地表明该模型的整体设计是建立在已有实践基础之上的，原有的实践只是分散在很多地方，不够系统而已。事实上，他们关于突破即将到来的论断来自于这样的信念，即：对学生成绩的绩效要求创造了机会，使多个分散的实践活动正融合起来向着一个共同的目标前进。

毫无疑问，实践者将发现本书对学校改进是有力的指导。更重要的是，本书提出了建设性的问题。作者极好地应用小学语文教学的研究来表明怎样将个人学习层面强有力的理论推广到小组、机构和系统层面。但是语文教学只是众多学科中的一个。小学阶段的语文教学实践比其他阶段的语文教学发展得更好，学生的学习和教学实践在不同学科和不同阶段都会有本质的不同，更不用说教师的知识和教学技巧的发展也会随之不同了。这意味着除了作为教学指导，本书还向实践者发出邀请，邀请他们参与一场长期的对话——把本书的一般性原则延伸和扩展到其他的学科领域、年级和教学机构。毫无疑问，作者自己的思想和实践将从这场长期的对话中受到启迪，正如过去那样。从这个意义来讲，作者勇敢地将这些想法提出来用于实践、辩论、批评和修改。本书将在指导学校改进的同时引发对学校改进中关键性问题的深刻思考。

理查德·F. 埃尔莫尔
哈佛大学

前　言

在过去的十年里，数十亿元被投入到教育改革中，其中一半投在语文和数学教学改革上，然而其结果往好的一面看是前进了一小步，更多的是不但浪费了金钱，而且让教师、校长、学生和家长不甚满意。

带来部分和小范围成功的思维，并不是能在下个阶段的改革中产生质的差别的思维。我们写作这本书的主要目的，旨在陈述一种与以往课堂教学截然不同的思维。与其他很多学者一样，我们认为目前的模式需要变化——这种变化将使教育实践产生根本性的转变，如同过去十年发生在卫生保健领域的变化一样。

新思维产生的基础已经被奠定。这使我们乐观地认为，在未来的几年突破将会发生在教育改革中。整个教育战线正致力于提高课堂教学质量，采取措施将课堂教学转变成更加精确、正确，以数据驱动教学的专家活动。这样的教学活动能够适应学生学习的个性化需求。普遍提高课堂教学质量是本书所寻求的“突破”。基于现在的协同努力，预计“新的临界点”（Gladwell，2000）能够在五年之内达到。

在本书中，我们将向大家陈述这样的转变是怎样成为现实的。我们将说明从基于已经做过的发展到一个新的境界是很有必要的。在这个新境界里，善于诊断问题的实践者拥有坚定的信念和知识，开发出高度个性化的教育项目以满足每个学生的教育需求。我们的核心观点在于，教育需要建立一个系统来支持服务于全体学生的日常教学变革，这个系统既要具有可操作性，又要强有力，而且必须包括所有的层面——课堂、学校、学区和州。大范围实现教学变革意味着要变革整个系统。

实现如此变革的关键在于在教学中明智地使用数据来驱动教学。目前，许多学校收集数据并将之反馈给学区和学校。但许多反馈尚处于初级的或流于表面的状态。有时当深度反馈到来时，教师却无从获得帮助去利用这些信息。即便数据得到了很好的分析，但教师并不知道怎样将这些信息转化成有效的、有针对性的教学以满足每个学生的需求。

个性化教育，或现在被称为个人化教育，经常被繁忙的教学任务所扼杀。因为学校有太多的学生，而教学时间太少。“突破”将使大规模个人化教学成为可能。我们坚信“突破”既不会压弯教师的背，也不会掏光公众的钱包。的确，“突破”令人兴奋的地方正是在于，它不仅使教师的工作更加富于活力和有回报，而且促使那些投资于教育的行为成为推动社会发展的明智之举。

尽管这样的前景不能一夜之间就得以实现——它取决于政府、学校系统和私立部门的决定和慎重的资金投入——这样学区、学校和教师便可以沿着本书所建议的“突破”的方向做很多事以提高教育质量。本书的观念可以帮助教育实践者迅速提高课堂教学效果，而这将为那些“大人物”决定对教师每天开展针对性教学的系统和设施进行投资铺路。

我们并不是第一个提出这样的理念，即改革的关键在于明智地使用数据驱动教学。然而，许多提倡使用数据推动教学方法的先锋们所采取的是指令性的解决方案，以期在复杂纷乱的教室里切实可行。本书不是针对指令，而是针对精确——为每个孩子的需要提供“量体裁衣”的教育。它使用特制的系统以提供个人化的精确服务。

突破的工作确认现在是该转换范式的时候了——“突破”的工作应具有可操作性并且是高财力与人力回报的。它是教育领导不能拒绝的一个邀请，因为教育管理系统在很多国家都处于不稳定的状态。在这样的状态下，我们必须做些什么？因为突破和垮掉仅差一步。

本书中的例子主要源自我们早期语文教育的研究，但我们提出的教学系统可以用于其他学科，比如数学、科学、历史，等等。学科内容可能不一样，但学习，或者更确切地说，提高学习效果的基本原理却是不变的。

在第一章，我们举例说明学校的新使命，以适应21世纪社会对教育的需求。如果在美国要做到“不让一个孩子掉队”（No Child Left Behind），在英国要做到“每个孩子都重要”（Every Chind Matters），学校就必须行动起来去实现目标而不是停留在口号上。新的目标是90%或更多的孩子成功。成功的衡量标准是，比如，当孩子八岁时在语文和数学上都达标。换句话，达标将大大提高这些孩子在学校以及未来发展的成功率。社会将因此在经济和社会发展中获益。第二章显示所有成功的要素已经存在其间，我们的目标是要通过系统性的协同努力将它们整合在一起。第三章至第五章提供“突破”所需要的课堂教学成功的雏形。最后一章集中说明实现“突破”所必需的围绕课堂教学的领导基础。

我们坚信教育领域有机会实现新突破，原因在于现在已呈现出许多伟大的开端。我们尤其感谢那些与我们合作的其他国家的同仁们。合作者太多了，在这里就不一一列举他们的名字了。这是一个伟大而又关键的旅程，我们庆幸能够从这些开拓者身上学习。我们还有很长的路要走。

致 谢

康文出版社（Corwin Press）向以下人士表示衷心的感谢：

戴维·康利，教授，美国俄勒冈大学教育政策研究中心主任；

布伦特·戴维斯，国际领导发展教授，英国赫尔大学国际领导中心主任；

理查德·杜富尔，弗吉尼亚州教育作家与顾问；

迪安·芬克，加拿大安大略安卡斯特教育发展顾问；

戴维·霍普金斯，英国伦敦大学教育学院 HSBC 教育改革国际互联网国际领导主席；

肯尼思·利斯伍德，加拿大多伦多大学安大略教育学院教授；

迈克·施莫克，亚利桑那州芙莱哥斯塔福独立发言人和顾问；

托马斯·A. 瑟吉欧万尼，美国得克萨斯州特瑞尼提大学莉莲·雷德福教育教授；

詹姆士·斯皮兰，美国伊利诺伊州西北大学政策研究学院社会教育政策专业副教授，教育科学多学科主任；

卡罗尔·安·汤姆林森，美国弗吉尼亚大学教授；

格兰特·威金斯，美国新泽西州真正的教育学会主席。

作者介绍

迈克尔·富兰，多伦多大学安大略教育学院教育理论与政策研究系教授。他被公认为是教育改革领域的国际权威，其在教育管理改革方面的理论被许多国家采用，其学术著作也以多种语言在世界各地出版。他最新的著作有《学校领导的道德使命》、《领导与可持续发展》、《学习的场所》（与克利夫·圣·哲曼合著）和《超越转变的领导能力》。2004 年 4 月，他被聘为安大略省省长和教育部部长特别顾问，目前参与加拿大安大略省、澳大利亚、英国和美国等多个国家系统性的教育改革研究。

彼得·希尔，香港考试及评核局秘书长。他正在领导一项雄心勃勃的改革项目，以期实现香港考试系统的现代化。他曾就任澳大利亚和美国学校管理和教育研究的多个高级职位，包括澳大利亚维多利亚州教育厅厅长，墨尔本大学教育系领导与管理专业教授。之后，他曾任美国国家教育与经济研究中心研究发展部主任。在过去的十年里，他领导和协助了多个大规模综合学校改进项目。他的研究领域包括教育评估、学校效力和改革以及教学领导能力等方面。

卡梅尔·克瑞沃拉，一位独立的世界级语文教学顾问，研究员，她广泛地在澳大利亚、加拿大、英国和美国等多个国家工作。

她的工作主要集中在帮助教育系统将评估、教学实践和教学领导行为结合起来。她开创了数据驱动语文教学的新方法。她曾在澳大利亚和美国发起几个大规模学校改革的倡议。她具有 22 年的从学前班至九年级的课堂教学经验，曾任澳大利亚维多利亚州某学校的校长。

第一章

学校系统的新使命

当社会面临全球化和新技术革命，特别是信息技术革命的挑战时，教育至关重要的地位日渐明显。政治领袖对公立教育以及为学校体制制定新使命显示出前所未有的兴趣。

过去，公立教育的目标是向所有人提供基础教育，向少数精英提供大学教育。人们常常低估发达国家确保普及15—16年教育并为25%—50%的学生提供大学教育的成就。这个成就是20世纪社会发展的诸多伟大成就中的一个。

公立教育将会在达到旧目标的基础上迎接新的使命。新使命要使所有的学生达到教育的高标准，并为学生提供终身教育。终身教育没有老式课程教学本身固有的退化和易过时的特性，而是培养学生终身学习的能力。

接受良好教育的益处已得到广泛共识。个人回报是人们追求良好教育的一个巨大驱动力。现在可以更加清晰地看到在学习上失败或者个人的潜能得不到充分发挥时所导致的经济和社会上的巨大损失。

本书作者们一直致力于回答在教育方面取得进一步突破所需要的是什么，并且已经在定义和实施关键性工作方面取得相当的进展：希尔（Hill）和克瑞沃拉（Crevola）细致地阐明了新的“关键学习指导途径”，这项工作是建立在真实的课堂和学校实践之上的；富兰（Fullan）改革了学校/社区、学区、州三层教育系统。我们所探寻的“突破”是将教育社区作为一个整体，建立专家数据驱动教学系统，达到每个教室、每个学生、每天都持续提高教育效果的目的。

许多作者已经注意到屡屡发生在语文和数学教学改革上的天花板效应。他们的诊断是准确的（目前的策略和条件不够强有力，因而无法进入下一阶段或突破），但是没人能够清晰地描绘新范式应该是什么样的，怎么运作。而这正是我们企图在本书中揭示的根本内容。

我们坚信在与我们有密切工作关系的国家里，包括澳大利亚、加拿大、英国和美国，“突破”所必需的要素已经以这样或那样的形式存在。现在需要做的是要明白为什么目前居于主导地位的策略行不通，怎样创造出能够将那些要素整合成一个系统的新方法，使该系统有效地带来真正的变革。

停滞的系统

在现有的范式内，尽管教育具备了最好的决策和相当多的资源支持，但只取得了部分的、非本质的成就。英国雄心勃勃的语文和数学教学改革始于 1997 年，在短短四年内取得了丰硕的成果，11 岁学生的语文和数学达标率从 62% 提高到 2000 年的 73%—75%；然而在随后的四年里，这个比例一直不再攀升（Earl，Fullan，Leithwood，& Watson，2003）。

学校的新使命是要取得 90%—95% 的达标率。这是使一个社会想要在复杂的 21 世纪实现繁荣昌盛所必需的。我们的目标不仅是语文和数学，而是关于怎样学习，关于学生成为独立的思想者和学习者，关于解决问题，团队合作，了解世界，增强适应性，自如应对全球化的技术、冲突和复杂情况，关于快乐地学习并且有效地将其所学应用于工作和生活的各个方面。

我们可以从过去的实践中学习很多，特别是从那些已经做了很多正确事情但却没有达到目标的改革中学习。我们从中发现现行的范式不具备某些关键因素，它们存在着根本性的局限。我们准备找出最突出的、最高效的策略和重点，这些策略目前还没有充分发挥作用，但一旦确定下来，将能切实可行地承担起改革任务。所以我们首先要做的是寻找出当前形势下哪里失败了，哪些我们没有做到。

我们要分析的起点是最近一项关于“跨城学校改革运动”（Cross City Campaign of Urban School Reform，2005）的研究，该研究很有启迪作用，它包括芝加哥、密尔沃基和西雅图的教育改革案例研究。这三个学校系统都受到各层领导的关注，都着眼于做“正确的事情”，比如侧重于语文和数学教学改革，所有的系统都有策略选择的侧重点，如以“为学习服务的评估”数据为基础进行教学，对教师培训进行大量投入，培养新的领导力量，进行系统性的改革。

这些案例地区都有资金投入——西雅图有 3 500 万美元的外部投资，密尔沃基有额外的资源和机动性，芝加哥的教育改革投入了前所未有的资金。压力不可谓不大，但成功不可能在一夜之间到来。在五到十年里，决策者和社会公众应该能满意地看到日渐积累的成功。

案例评估者坦率地得出如下结论：

> 我们研究的这三个学区以不同的方式都具有资源不集中的特点，而且学校都有自主权，并且进行了相当显著的机构改革以辅助雄心勃勃的教学提高计划。不幸的是，在现实中我们采访的许多校长和教师认为学区的改革并没有大规模地提升实践（Cross City Campaign，2005，第 4 页）。

本书的目标之一是帮助读者透视当前的改革，找出缺失的能产生高回报的因素。改革策略正在日趋完善（这就是为什么我们认为经过进一步的协同努力，教育能够很快进入一个临界点），所以要瞄准关键问题。在我们看来，核心问题是没有成功地建立起个人化的、持续的、以数据驱动的有的放矢的日常教学程序和做法。我们将在后续的章节里对此作进一步的解释。

同时，在芝加哥、密尔沃基和西雅图改革当中出现的问题可以帮助我们确定缺失的因素，尽管这些地区的改革已经包括很多正确的因素。例如，芝加哥采取了令人印象深刻的策略：

> 应用系统改革的多种手段改善课堂教学，比如建立成绩标准和教学框架，评估和绩效系统，基于标准进行教学的教师培训（Cross City Campaign，2005，第 23 页）。

芝加哥有“基于标准”的系统改革，听起来似乎有效。那么，问题出在哪里？在我们看来，这个策略没有明确说出需要改变什么才能切实提高教学实践。在芝加哥，教师确实着眼于教学标准和课程涵盖的范围。但在采访当中，他们“并没有明确说出任何在教学实践中本应出现的根本变化”（Cross City Campaign，2005，第 23 页）。进一步来说，

> 教学目标更多的是用学生的表现或成绩水平来表现，而非用教学质量本身来衡量，也就是说，学校做了什么帮助学生取得这些成绩（第 29 页，强调为原文所加）。

当系统锁定教学目标时，他们能够获得一些初期的成果（芝加哥的例子已经显示，在过去五年中标准化测试成绩提高了）。这是学校的旧使命：学生达标率从 50% 提高到 70%，但这并非足够

好了。新使命是要达到90%甚至更高；而且达标率的提高是可以持续的。我们正是依靠这个途径把学生培养成为独立的学习者。

新使命要求教师在教学实践上有实质性的变化，同时要求支持教学改革的基础结构有相应的变化。在随后的章节中，我们将确定出日常课堂教学中变化的本质，以及为支持这种变化所必须具备的基础结构的变化。

密尔沃基地区在提高教学质量时出现了同样的问题，在系统支持和鼓励竞争性上，他们采取了更加分权的措施。他们的重点放在语文教学上。学区的每所学校都配备了一名语文教学指导员，并可获得相当多的教师培训机会和技术支持服务。每所学校的教育计划都集中在语文教学标准上。这体现在：（1）数据分析和评估；（2）学科成绩目标，包括不同学科中的读写能力。

这些策略听起来似乎非常令人信服。但是我们再一次发现，缺失的环节是课堂教学这个黑匣子里面的东西。案例研究人员评论道：

> 我们将这个教育计划归为非直接类，因为其在常规或期望的教学内容和实践上都缺乏细致的规定。（Cross City Campaign，2005，第49页）

这份报告得出的结论是，尽管这个学区看起来将教学作为全区改革计划的首要目标，但他们并没有直接这样做（而是通过设定标准、评估、领导责任等）。因此，从校长和教师们的经历来看，“那些政策和信号都没有细化到着眼于影响课堂的教与学”（第65页）。

我们的第三个案例，西雅图，是同一主题下的变异。计划看起来非常好。标准规定了方向，学区“改变学业成绩计划步骤”（Transformational Academic Achievement Planning Process）“被设计成为一个工具来帮助学校各自制定在如下方面的策略：（1）帮助所有学生达标；（2）消除白人学生和其他有色人种学生的成绩差距”（第66页）。像密尔沃基一样，这个学区进行了机构重组以支持以学校为基础的管理，包括为学校配置了相当多的资源。案例分析人员观察到：

> 最近，学区努力把自己建设成为以教学标准为基础的学区。这是率先关注课堂教与学的可持续性努力之一。但是，学区领导关于标准的谈话中**很少涉及教学的变化**。（Cross City Campaign，2005，第69页，强调为原文所加）

报告接着写道：

> 在学校层面上，绝大多数教师都不能理解标准的内涵，以及如何将其贯彻到教学中。

对学校新使命没有详细了解，人们很难理解为什么芝加哥、密尔沃基和西雅图不会成功。在某种程度上，它们能够将分数提高到一定的数值。这些改革囊括了一些必需的东西，但却不能深入触及到日复一日的课堂教学中，只有深入的触及才能使所有的学生得到提高。令人更加困惑的是，策略的设计者坚信他们已经将教学摆在策略的中心了。没有比向人们指明他们没有做而他们认为自己已经做了更困难的事情了。他们不是有意地欺骗，而是没有意识到自己在欺骗自己。当人们不清楚哪里不明白时，很难清楚应该做什么。

理查德·埃尔莫尔（Richard Elmore，2004）无情地批判了学校改革的失败，指出失败源于没有将教学放在学校工作的核心位置。他认为，“改革策略经常没有明显地与构建知识的根本性改革联系起来，也没有将教师和学生在围绕知识的互动中各自的责任联系起来”（第10页）。埃尔莫尔说，问题的核心在于那些失败的学校缺乏他称之为**内部绩效**（internal accountability）的要素。“他们在学生学习期望值上缺乏一致看法和协同努力，同时**缺乏影响课堂教学实践以切实提高学生学习效果的手段**（第 234 页）。我们已经看到以成绩为基础的外部绩效评估在切实提高课堂教学实践方面没有有效的办法。埃尔莫尔曾对此强调说："实际上在用以成绩为基础的绩效评估来改善教和学方面，还没有成熟的理论"（第 220—221 页）。

在我们与学校的合作过程中，我们通过挑战教师和教育管理工作者原有的信念和理解来影响学校的教学实践，特别是这样的新观念——如果有足够的时间和支持，所有学生都可以达到高标准。在最初与学校员工探讨的过程中，这个观念很少被否定，但它经常以"是的，但……"为借口来说明为什么这样的观念总的来说是对的，却不适用于部分甚至全部学生。

埃尔莫尔（Elmore, 2004）指出了教学工作的旧使命的另一个弊端，即期望学生学习可以线性持续发展。旧使命要求学生成绩稳定提高，而新使命认为停滞期是在为进一步的发展作准备。以与他有着密切合作的两所学校为例，埃尔莫尔评论道：

> 桑顿和克莱门德两所学校在开始时提高很快，但学生的成绩达到一定程度就停滞不前了。如果你理解什么是教学实践和学校系统中规模提高所需要的，你就能预见在整个提高过程中往往会出现这样一段停滞期。这段停滞期其实是提高过程中非常重要的部分——在这些时期，个体教师巩固和深化他们在前一段中获得的知识和实践经验，学校诊断和找出下一步发展和提高的障碍，找出下一时期所面临的问题，寻找解决问题的办法。而在现有的绩效系统中，这些停滞期被认为是失败的表现，往往会遭受重重的处罚。从内部来讲，这些停滞期实际上是提高的重要阶段；改善仍在继续，尽管成绩看起来［暂时］停滞了。（第 248 页）

当付出相当多的努力之后成绩依然呈现停滞时，人们必须深入地检查以下两个方面：（1）看工作是否涉及了改革的所有因素；（2）认识到下一个突破也许需要更多的时间来积累实力以打开局面。我们在约克地区（加拿大多伦多的北部）的研究显示出这样的一些特征：强有力的模式，在实施当中需要更高的精确程度，正确认识停滞期是为下一步提高提供综合、有力的平台（Sharratt & Fullan，出版中；Fullan，2006）。

发展后的停步不前现象，与外部绩效系统有着根本缺陷有关。这些绩效改革没有有效地影响课堂实践，因为他们没有考虑到在学校和学区内建立内部绩效系统。因此，这种绩效系统不能区分一所提高中但处于停滞期的学校，和一所停滞不前、根本无法依靠自己的力量提高教学质量的学校。

如果学校没有内部的共同行动，它根本就没有能力提高。事实上，这样的学校不知道怎样提高，外部的严词命令不能使这些本没有能力的地方产生能力。正如埃尔莫尔（Elmore，2004）这样评论：

> 这看上去不太可能……学校按固有的模式运行——所有与学生学习有关的绩效问题本质上讲都是个体教师的责任，学校有能力自动地响应有力的、强加的外部绩效系统，达到以有组织、有步骤提高教学水平的目的，学校就会具有集体的审慎思考和一致行动的能力来提高全部学生的成绩。然而，这样的情况在我们的样本学校里并没有出现。实际是，所有的关于绩效的决定都是教师基于对自己和学生能作什么的判断作出的，这些决定似乎不可能自动协同和积聚起来使学校达到总体提高的效果。

埃尔莫尔（Elmore，2004）找到了问题所在，但他的解决办法只是大致的建议：着眼于提高内部绩效机制，改善激励机制和工作环境，这样学校才可以发展成为“高度合作和交流的，相对连贯的，既有学校统一管理，又富教师自治的系统”（第 193 页）。埃尔莫尔提出很多有帮助的建议，但这些建议主要是为我们指出正确的方向，而非具体操作的办法。我们需要按照大致的建议，付之以具体的行动，而又不陷进指令性的陷阱中。这就是以“数据驱动的针对性教学”和以直接指令为特征的教学方案的差别。这两者的区别在于是针对具体学生精确地进行教学还是按指令执行教学。

指令性陷阱

如果外部成绩标准不能融入到课堂实践之中，而学校放任其自行解决问题，其结果是千差万别和不协调的。什么才是解决之道呢？希望改革趋向对课堂教学提供更多指令性规定是可以理解的，特别是当改革的设计者们能证明自己的行为是基于道德目的并有根据的时候。我们的立场是，指令性规定属于“旧使命”的解决办法，在初期可以获得一定的效果，但最终会走到错误的轨道上。

我们的同事安迪·哈格里夫斯（Andy Hargreaves，2003）否定指令性规定，因为他认为这是相当危险的：具有盲目接受的特征，只适用于服务贫穷社区中的学区，这创造出一种种族隔离式的提高，富裕的社区能够追求更丰富、更深刻的学习目标，而贫穷的社区则陷于困境和一味追求成绩中。哈格里夫斯将指令（他称之为成绩训练派）与合作社区（专业学习社区）对比。前者的特征是传授知识，强加要求，不正确的教学确定性，强化训练，注重成绩等；而后者则以知识转化，共同研究，致力于持续的学习，构建实践社区为特征。

我们认为哈格里夫斯的分析比较粗糙，并且没有给我们更多的指导。它置指令性改革的倡导者们于防御位置，但却没有提出任何有说服力的理由去质疑指令性方法；它认可专业学习社区但却没有提供任何具体的策略来实现大规模课堂教学的变革。在后来的研究中，哈格里夫斯和芬克（Hargreaves & Fink，2006）提供了一套更加有前景的可持续改革的思想，但他们没有涉及教学改革。

解决的办法必须更有针对性，而同时不得有指令性规定的缺点。但是首先，我们必须深入分析指令性规定的长处和局限。

指令性规定具有吸引力是因为它细致地规定教学实践，承诺并且在一些情况下确实能提高学生的成绩。然而我们的结论却是，指令性规定具有致命的缺点，它不能给我们带来21世纪所要求的深度变革。

指令性教学经常以“直接指导教学”为名，对课程和教学给予直接指导。博尔曼等（Borman，Hewes，Overman & Brown，2003）对关于“综合学校改革”设计进行了元分析，他们指出，在大量研究证明能有效提高学生成绩的三个模型中，有两个较多地使用了直接指导教学的方法。

约翰·哈蒂（John Hattie，1999）的元分析也有力地支持这种方法。他列出了大量影响教学的因素，并得出它们的平均效应值。效应最高的前三个依次是：

反馈 0.81；

直接指导 0.81；

先前的成绩 0.80。

是什么使直接指导教学或规定性较多的教学方法很起作用，为什么它们和反馈一起列在前面？

反馈列在前三位是不奇怪的。反馈其实是我们“突破”解决办法的核心。好的正式的评估能够为教师提供反馈，从而指导教学；为学生提供反馈，从而指导学生学习。学生以前成绩的重要性也是非常容易理解的。我们将在后面说明知道学生起点的重要性，因为学生当前的学习能力与他们已经知道什么和能够做什么相关。

但是直接指导或者指令性教学的方法是怎样起作用的呢？直接指导教学指的是教师掌控教与学，使用高度规定好的教案，这样的教案对课程进行详细分析并指出学生怎样才能接受。

在教师没有很好的准备，学生只具备很少基础知识的学校，直接指导教学使教与学变得有章可循。它使教学结构化，把学习过程分解成一个个小的步骤，这样成绩低于平均水平的学生开始取得进步。它让教师控制教学，从而使教师们不必将大量精力花在整治混乱的教学秩序上。这就是为什么直接指导教学在城市中心区学校和教学秩序比较混乱的学校被广泛应用。毫不奇怪地，很多关于直接指导教学的研究都是在这样的学校里进行的。直接指导教学在位于富裕郊区的学校中很少见，有能力的教师拒绝直接指导教学，认为这种教学抑制了教师发挥各自的教学技能，过分地对教学进行死板规定。

在长期失败的情况下，直接指导教学方法经常可以成功地让学生开始学习，但是这种初现的动力和成功是不可持续的。造成这种现象有各种各样的原因，包括非直接原因，例如浮于表面地决定“采用”某种教学改革，之后学区或州的支持者对此失去了兴趣，或这些支持者被新的领导所取代。新的领导有其不同的工作纲领（Datnow & Stringfield，2000）。但是我们认为，导致直接指导教学方法缺乏可持续性的一个关键原因是，这种方法虽然可以提高学生的成绩，但并没有把学生培养成为独立的学习者，所以当他们面临新的学习任务时不知道该如何做。

同时，必须承认，更加开放的学习方式，其中教师主要充当学习的辅助者，甚至更不成功。直接指导教学有许多令人称赞的优点，例如“全体成功”，这些直接指导教学项目在许多城市中心学校的混乱环境中开展，全部使用一种教材，建立高度结构化的日常课堂教学规程，从而使教学有秩序和有目标地开展，也减轻了教师备课的艰苦工作。

“全体成功”和其他直接指导教学的改革项目在短期内取得了可观的短期效果。菲尔丁、克尔和罗齐尔（Fielding，Kerr & Rosier，2004）描述了位于华盛顿州的肯纳威克（Kennewich）学区，怎样使用严格的直接指导教学方法［多数是采纳了“开放庭院（Open Court）”项目的办法］，使13个学校三年级阅读成绩得以提升。在1996—2004年间，这个学区的三年级阅读平均达标率从74%上升到88%，好几所学校的达标率从70%多上升到90%以上。

但是在最后，所有使用直接指导教学的项目都陷进了一种使学生失败的陷阱里。因为这些项目预先设定学生的学习起点，并且按照刻板的步骤来进行教学。最好的教学指令性项目适应了学生的低起点，但它让教师掌控教与学，学生必须跟随教师的教而学，而非教师跟随学生的学而教。而我们的最终目的是让学生把握自己的学习进程。

最终，教师和学生都感到枯燥厌倦。这就是为什么许多采取了直接指导教学改革项目的学校在执行几年后就放弃了这样的做法。这些项目不相信教师的学习能力，或者不相信学生能思考和解决问题。因此，他们不能取得长期的、突破性的成果。

直接指导教学方法能获得短期的成功，但其代价是教师自主权少，更别提学生的自主权了。“突破”力图改变当前的课堂教学模式，解决直接指导教学方法所导致的问题。直接教学指导会导致为达到短期效果而产生的不当依赖。我们的“突破”解决方案——一个基于针对性教学的系统——在短期可与直接指导教学效果相媲美，而又创造条件达到长期的效果，其功效要比直接指导教学持久得多。

简而言之，更高的精确性并不意味着更多的指令。我们不必在松散的职业主义和强迫接受外部指令当中作出选择。

然而我们面对的却是一幅令人沮丧的图景：虽然投入了很多资金，使用最好的专家来设计改革，实施最可能成功的策略，政界人物也愿意坚持原有的方针，但是没有人打破教室的原有程序，以推行更好的服务于全体学生的教学。指令性教学对课堂的日常教学作了细致的规定，试图打破原有教学程序，给学校一种错觉：他们在进步，殊不知这种进步伴随着灾难性的副作用。其实我们可以做得更好。

我们认为有必要将道德目标和可操作、有效力的策略结合起来，这样学校才有取得前所未有成绩的信心。我们的基本信念基于教育的道德目标，不仅为学生，也是为教师着想。下面是一些没有商讨余地的信条：

- 如果给予足够时间和支持，所有学生都可以达到高标准；
- 如果给予合适的条件和正确的协助，所有教师都可以达到高标准教学；
- 高期望值和早期干预措施至关重要；
- 教师需要不断学习，需要能够清晰地陈述他们做什么和为什么这样做（Hill & Crévola，1999）

与1999年不同，现在我们认为实现这些信念是可能的——在大规模范围内，为全体学生。学校新使命设定的目标很高：教育是真正为了所有学生。还没人为实现这个宏伟的目标提供一个可行的平台。我们是可以实现这样的使命的。我们需要将精力放在正确的优化组合的方案上。后续的章节将详述实现“突破”的征程。

第二章

突破的构成

当所有公立教育系统真正很好地服务于所有学生，我们将实现突破。只有系统成功地将所需要的所有要素都创造性地组合起来，服务于改革，改善每个课堂的教学，突破才会实现。

用森奇（Senge，1990）系统思维的术语，学校目前有很多所需的“发明”，但是却不足以引发“创新”。森奇指出，只有当一个发明可以在可承担其成本的情况下，在有一定意义的规模范围内可复制时，才能成为一个“创新”（第5－6页）。他这样详细阐述道：

> 当一个新设想从发明逐渐变成创新时，多种多样的“部件技术”聚集在一起。这些部件技术原产生于相互隔离的不同研究领域，然后逐渐聚集形成一个技术的“组合”，这对彼此的成功都非常关键……莱特兄弟在1903年证明动力飞行是可能的，但是直到麦克唐奈·道格拉斯在1935年引入DC－3，才开创了商业飞行的新纪元。DC－3是第一架制造成本负担得起、符合飞行动力学的飞机。在这当中的30年……无数的商业飞行试验失败了。像早期学习机构的试验一样，早期的计划是不可靠的，不能在一定规模上达到成本效益。

> DC-3，第一次将五个关键部件技术形成一个成功的组合体。这些技术是：可变速的螺旋桨推进器，可伸缩的着陆装置，一种轻体模塑结构，快速空气制冷发动机，副翼。达到成功，DC-3需要所有的五个要素，只有四个是不够的（Senge，1990，第6页）。

当然，我们的问题是什么才是使学校系统实现“突破”的特别重要的因素？在回答这个问题之前，这里有另一个有效力的比喻来指导我们的努力。埃里克·亚伯拉罕森（Eric Abrahamson，2004）在《没有痛的变化》（实际上是不太痛的变化）中，对以“创造性破坏”为基础的策略和以“创造性再结合”为基础的策略进行了比较。

亚伯拉罕森（Abrahamson，2004）写道，我们往往开始于认定原有系统没有什么价值，应该彻底放弃，让位于崭新的方案。亚伯拉罕森称这种策略为“创造性破坏”策略，这种策略特别容易导致**重复性改革**综合征：

> 其症状是什么？改革项目过多，变革引起混乱，雇员普遍性焦虑、玩世不恭和歇火。其结果呢？无情的潮水般涨落的一次次变革在公司各个层面造成创痛，使机构改革变得越来越难以驾驭，实施起来成本更加昂贵，改革更容易失败，不仅如此，这样的变革也阻碍了机构的日常运作，致使公司专注于内部管理变化而非着眼于外部，即这些变革要服务的顾客（Abrahamson，2004，第2-3页）。

重复性改革综合征在学校系统里很常见。尽管有一些例外（在我们看来，这些例外也没有影响到教学实践），大多数教育工作者的经历接近埃尔莫尔（Elmore，2004）的评论：“地方改革动议的典型特征是跳跃性——在相对较短的时间里，急匆匆地从一个改革想法跳到另一个——和表面性——所选择的改革对教与学没多大影响，而且在实施过程中也只是浮于表面，浅尝辄止”（第2页）。

亚伯拉罕森（Abrahamson，2004）论述说，被忽略的、却有效力的方式是“创造性再结合”。要想变革引起较少的创痛，就要清楚哪些是已经在系统中存在的并可以修正的，怎样重新部署系统内已经存在的元素，整合出新结构。亚伯拉罕森称之为“创造性再结合行动”（第23页）。

因此，答案已经有了。我们已经从现代组织学习之父彼得·德鲁克（Peter Drucker）的早期著作中得知，不能利用现有的创新进行革新比第一次创新失败更加普遍。根据亚伯拉罕森（Abrahamson，2004）的观点，我们最好“从挖掘利用公司［系统］地下室的东西做起”（第26页）。

教育改革正处于这样一个阶段，很多大规模改革成功的各种要素已在学校内部明显存在。其解决办法是一方面是寻找并且确定这些成功的关键因素，另一方面则是要将它们创造性地结合起来。这并非简单的匹配工作，而是在核心成分间建立起有机的链接。

在这一章里，我们将首先确定位于任何“突破”系统核心的三个关键因素。

3P 核心成分

图2.1显示了三个核心元素组成的“突破”系统：个人化教育、精确化和专业学习。在这一章，我们将说明它们的本质和重要性，在后续的章节中，我们将介绍具体操作的细节。

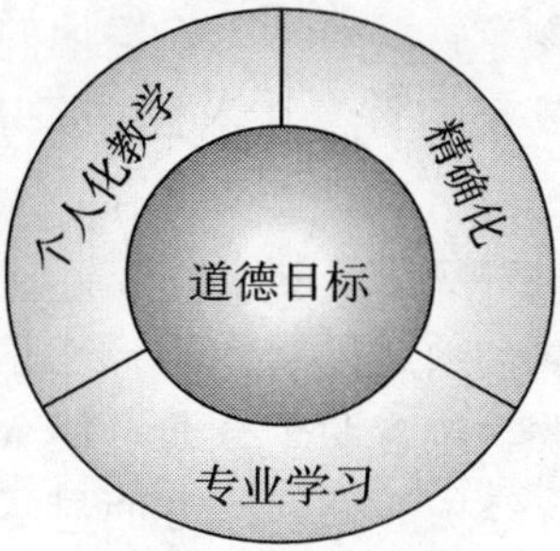

图 2.1　3P 核心成分

回忆森奇（Senge，1990）关于创新能够成功的标准：必须具备三个成分中的全部，而不是任何两个；成本要经济可行；必须在大规模范围内给人们带来益处——也就是说，这就是“突破”的标准。我们必须强调先前警告过的：任何过分强调一个或两个成分而牺牲其他成分，都将导致系统分裂和功能紊乱。将三个组成部分粘在一起的是教育的道德目标：教育为了一切学生，在缩小学生差距的同时要提高整体学生的达标率。为此，3P 必须协同地相互链接。当它们有机连接起来时，工作就会变得容易，因为每个部分都有杠杆作用，推动提升其他部分。

个人化教学

个人化教学，过去被称为个体化教学，是三个核心成分在实践中最不先进的，它比其他两个部分拥有更长的历史。近年来，对个人化教学的兴趣再次兴起，要感谢像卡罗琳·汤姆里森（Caroline Tomlison，1998）这样的教育家，其关于课堂分化教学的著作，已经成为教师和学校实施更加个体化的因材施教项目的主要资源。“突破”基于这些优秀的著作，努力将很多成分编织在一起，建构成一个便于操作的包括许多过程的流线型系统。

首先，个人化教学是将“学习者置于中心”的教育（Leadbeater，2002，第 1 页），或更加准确地说，在任何一个时刻都将每一个和所有的孩子放在中心，根据他们每个人的学习能力和学习动机，提供量体裁衣的教学。学校在只有 50% 学龄人口入学时尚且做不到这一点，当所有孩子都入学时，又怎样才能做到呢？然而这正是我们设定的“突破”的标准。

其次，个人化教学必须是可操作的——它要减少而不是增加教师的工作量。个人化教学包含两个方面：使个体学生达到其特定标准的学习动机和受教育经历。这两个方面显然是相关的。只有当学生的学习经历符合或激发他们的学习兴趣时，学生才会专心学习，同时，令人兴奋的学习经历会使他们进一步产生学习动力。现有的记录清楚地表明，随着孩子年级的升高，他们在学校致力于学习的程度在减少。这是个人化学习失败的例子（这和个人化学习没有与其他两个教学特点——精确性和专业学习充分联接有关）。

想象一下一个保健工作者面对 30 个公民，其责任是帮助他们建立起健康的生活方式。这位保健工作者设定了很好的目标。每个人应该向哪里努力是很清楚的。但是公民有不同的动机，每个人的起点都不一样。令人鼓舞的教导和清楚的标准最终能成功吗？它可能对一些人起作用，但对大多数人不管用。这位领导必须有办法诊断每个人的起点，从而确定从哪里开始并指导以后每天该怎么做。海费茨和林斯基（Heifetz & Linsky，2002）的关于复杂的适应性挑战的评论能精辟地阐明这一点：“有问题的人是问题，也是解决问题的来源”（第 13 页）。这是一个关于个人化教育的论断。个人化教育是关于单一个体的教育，但它也与周围的人和事颇具关联——即在教师、学生、家庭和学校之间。

学校系统的使命使个人化教育成为现实。但它必须是普遍的——为全体学生服务的——否则就是失败。个人化教育既是集体的也是个体的现象。

个人化教学不仅在实践当中是很难实施的，而且在没有其他成分的配合，或在缺乏服务于全体学生以达到高标准的道德目标的情况下实施是很危险的。个人化教学经常包括学生和家长有权作这样或那样的选择。如果选择的能力是不均衡的，将造成更大的不平等。公立系统内的择校项目导致人群分化，不能达到我们“突破”的标准，更别说向公众提供经费去选择私立学校的机制了。

相反，我们的观点是每个公立学校和每个教师（集体和个体）应该擅长个人化教学——把每一个学生放在学习的中心。如果个人化教学得以实施，选择非公立学校的趋势将渐弱或控制在可接受的对每个人都好的范围内实行。所以学校面临的第一个新挑战，是怎样使每个学生的个人化学习成为现实。在缺乏普遍深入的个人化教学时，相反的情况将会发生——即大规模教育和统一规格的思想，这种思维只服务于那些现状下的受益者。

精确化

做到精确是力求做正确；指令性教学则是制定僵化的教条。精确服务于个人化教学，因为它意味着特有的准确，也就是说，精确到个体的学习需要。最近通过实施“评估学习”（以数据为工具改善教和学），教育事业的共同的“地下室”里（内部）已取得很大进步，但还存在一个致命的缺点——怎样利用评估提高课堂的教学实践（我们再一次强调要面向每个孩子）。学校需要把评估教学从“地下室”中搬出来，整理好并将之创造性地与个人化教育和持续的业务学习重新组合起来。

很可贵的是，相当多的作者在多年前就用清晰和全面的术语界定了评估学习理论。例如，15 年前萨德勒（Sadler，1989）回答了两个问题：（1）缺乏在复杂学习情境下反馈和格式化评估；（2）令人迷惑的现象是，即使教师对学生的学习提供了有效的和可靠的判断，提高也并非会随之发生（第 119 页）。

萨德勒（Sadler，1989）的主要解决办法在当时很超前，该法集中在“怎样将对学生反应的评价（成绩，作业）用来培养和提高学生的能力，缩短随意的和无效率的尝试法学习”（第 120 页）。萨德勒认为**反馈**是能力评估的关键因素，这一点与我们的办法一致。他认为反馈“只有当它用来改变差距时”才能称之为反馈。萨德勒很清楚地写道：

> 学习者必须：（a）具有为之努力的**标准**的概念（或目标，或参考水平），（b）可以将**实际的**（或当前的）**成绩水平**与标准比较，（c）并且采取适当的**行动**来缩小差距。（第 121 页，强调为原文所加）

萨德勒论述道，

> 评价学生的学习总是涉及（个人化的）定性评价。在这样的学习中，学生发展是多维的而不是前后顺序的，学习的先决条件不能被想象成整齐排列组合的技能或知识的单元块。学生进步的一瞬间发展发生在很多相关的前沿层面，并且继续下去，而非一步套一步。（第 123 页）[大家将会在本书第五章从我们的指标中看到此现象]

对一个系统来说，要想保证持续性学习可行，必须给学生设立标准且把这些标准清楚地传达给学生。在一个教学场景中，这意味着教师已经知道对特定的学生有什么样的预期值。但是，“教师关于质量的观念通常以一种不能表述的形式作为经验知识装在其头脑里”（Sadler，1989，第 126 页）。这样的经验知识“使得学习者并不清楚标准是什么，倾向于依赖教师对其学习的评价。怎样将教师头脑里关于优秀标准的概念抽出来，赋予一种外在的形式，使学习者可获知，并非微不足道的问题”（Sadler，1989，第 127 页）。更别说实际上一些教师的经验知识可能是模糊的或者错误的。

反馈位于“评估学习”的中心——在过去五年里，“评估学习”是一种改善教学的高产出策略。布莱克和威廉姆（Black & William，1998a，1998b）以及斯蒂金斯（Stiggins，2004）的研究验证了评估学习作为改革中以精确为基础的核心元素具有显著效用。

当系统选择最具潜力的高效的解决办法时，往往过分依赖评估的办法。这些教育系统使学校淹没在评估和标准中，使他们不能因地制宜采取适当的行动。好事情如果过分了就会变成坏事情。精确性意味着精致细腻的改善，而不致因信息过多而窒息。反馈不仅必须与标准和成绩有关，而且学习评估必须给教师提供关于**教学**的反馈，使他们能够据此设定教学的重点和课程的目标。换句话说，如果反馈提供大量未经消化的信息，或者对教师提出不切实际的工作要求，比如说每天都组织与个体学生的讨论会，反馈就可能走向极端。在第五章，我们将清楚说明怎样使反馈更加精确和更具有直接使用性。

我们看到在尝试作出良好的系统改革计划中充斥着大量的信息，比如在第一章中回顾的发生在芝加哥、密尔沃基和西雅图的改革（Cross City Campaign，2005）。在那些以结果为导向的学区，考试分数信息普遍存在。我们在“突破”中需要解决的问题不仅是更好地管理和使用数据，而且要解决怎样精确地将数据与日常教学联系起来的问题——这在那些最注重结果的学区都没有做到。我们必须这样做，同时要避免陷入指令性的陷阱，造成学生的依赖。我们必须认识到数据驱动教学是一个改善教学方法的策略，它使教学方法的改善更精确地促进学生学习的进步。

“突破”的目的是为建立一个新的课堂教学平台打好基础，改进当前零星的数据采集状态，使之成为连贯流程，并自动进行分析，从而每天在每个教室进行个性化教学。因此它是革命性的。

对于那些从未使用数据来提高教学的学校来说，“突破”是一个开端。对于那些已经在使用数据驱动教学的学校［这样的学校的数量正在增长，感谢布莱克、威廉姆、斯蒂金斯（Black & Wiliam，Stiggins）等学者们和研发使用数据新方法的人，比如古德和凯敏斯基（Good & Kaminski，2002）］，“突破”是一个号召，呼唤下一步在课堂教学上实现更大程度的精确。

根据我们的经验，即使那些自认为已经很好地使用评估学习的人也会很快意识到，他们还有很长的路要走。即使在这方面已经做得最好的学区，也只有少数人精通此道。关于评估学习的论述很丰富，但是可应用于实践的知识却很少。在很多情况下，问题在于没有将数据应用于教学的可行的系统。

“突破”是要连接拼图中所有核心的散片——在这里，拼图是以为学习进行评估为基础和纽带的，并把个人化教学、精确性和专业学习有机地结合起来。如果没有我们的框架，教育工作者常常有很多拼图散片，但这些散片是从不同的拼图中来的。难怪人们不能用这些散片拼出一幅图！

教育工作者常采用评估手段，但他们经常从整体中的这儿或那儿选一点儿。在学生成绩甚至分析学生能力方面，教师得到越来越多的帮助来分析这些数据，并获得反馈。缺失的步骤或下一步要做的则是看到整个画面，即学生现在的情况和下一步需要在哪些方面努力。要做到这些，教师需要一个可行的同步监测程序嵌入他们的知识体系来指导教学。

说到拼图的散片，我们不是要单个教师做这些事情，而是教师集体。正如我们前面曾经提到的，埃尔莫尔（Elmore，2004）强调在缺乏（学校）内部绩效能力的情况下，有效的外部绩效是不可能产生的。最有成效的学校是将（1）教师的个体职责，（2）集体的期望值与（3）绩效三者结合起来，并把（4）外部的绩效要求融入整合进来（Elmore，2004，第141页）。

埃尔莫尔（2004）发现：

> 在这些学校里，集体的期望嵌入高度互动的、相当连贯的、教师自愿或学校组织的活动中。在这些活动中教师和管理者各自对学生负责并互相监督。教师和管理者能够描述和解释学校所在的外部绩效系统（比如测试系统，

> 课程指导大纲……)，但在任何情况下这些外部系统没有对教师理解其职责、理解彼此之间关系和对学生的期望值产生决定性影响（第193页）。

我们下面要介绍拼图的第三个重要组成部分——教师作为个体和一个集体的业务学习。个人化教学要求精确性，而精确性要求教师不断地学习。

专业学习

我们特意选择专业学习而不是更窄的概念职业培训或**专业学习社区**，因为“突破”意味着每个教师进行有针对性的、不断的学习。

如果教师每日不进行个体和集体的学习，个人化教学和精确化教学就不可能实现。在过去的十年，教育假设的集体“地下室”里已堆积了各种各样关于教师怎样能最好地学习的有价值的零散经验和实践（Abrahamson，2004）。现在到了创造性重组这些观点以服务于针对性教学的时候了。

在一个关于加州数学改革的详细研究中，科恩和希尔（Cohen & Hill，2001）指出不断进行的教师学习，是连接教学实践新概念与评估学生学习的关键。他们认为现行政策旨在创造课程、评估和教师业务学习机会之间的一致性，但是，

> 这样的一致性在席卷美国公立学校系统的各种差距很大的教师业务培训的风潮中非常罕见。只有一小部分加州小学教师——大约占教师总数的10%——经历过这种一致性。如果同时为教师提供丰富的、基于实践的业务培训，标准、评价和绩效似乎更易成功。（Cohen & Hill，2001，第9－10页）

在过去的十年里，任何主要的改革计划都必须同时提供教师业务培训，这已成为一个定式。“突破”是关于怎样完善和集中这种投入，从而使教师和学生持续获益。

在对教师进行培训方面，系统正在进步，但从科恩和希尔的（Cohen & Hill，2001）的研究来看，这些进步还远远不够。十名教师中只有一名显示出有明显的学习进步，而且没有迹象表明这幸运的10%的教师的学习经历能持续。不管多么重视并配备资源支持，现在业务培训对教师的影响是有限的。博尔曼及其同事（Borman & associates，2005）对发生在芝加哥、伊尔帕索、孟菲斯和迈阿密的数学和科学改革的调查证实了这一点。

每个城市从国家科学基金（NSF）城市系统计划中各得到1 500 000美元的资助。我们再一次发现，改革策略似乎包括了所有正确的因素：以课程为中心，系统性的改革，对教师培训的充足的投入，数学和科学学习先进理念的运用。政策和课程文件陈述说：“教学应强调生动活泼的学习和高逻辑思维技巧的培养，为所有学生提供探索性的、解决问题的机会（Borman & associates，2005，第4页）。

NSF的“六轮驱动模型”看起来无懈可击：

1. 实施综合性的、以标准为基础的课程；
2. 制定一致的、连贯的政策以支持广泛的改革；
3. 汇聚所有可用来支持改革的资源；
4. 广泛获得来自于家长、政策制定者、高等教育机构、商业机构和基金会的支持；
5. 聚集广泛和深入的证据以显示该项目确实对学生成绩有积极影响；
6. 提高所有学生的成绩，包括那些传统上没有得到相应教育服务的学生。

在现实中，博尔曼及其同事（Borman & associates，2005）发现，

> 对许多教师来说，他们的职业发展和课堂教学之间联系很少。大多数教师的职业培训经历与每日的课堂教学经历是截然分开的。(第 70－71 页)

博尔曼及其同事还发现，虽然给教师提供了职业培训的讲座，这些讲座以广泛的新教学模式为基础，着眼于教学实践，将学生作为主动的学习者来实施针对性的教学，但在实际的课堂教学中却并没有产生什么变化。他们通过课堂观察发现，在他们研究的全部的人群里，78% 的教学还停留在教师为中心的教学（说教式的），16% 是以科目为中心的，只有少于 6% 的教学是以学生为中心的(第 98 页)。

相应地，从学生的角度来评价课堂教学（通过观察法和对学生的小组访谈），博尔曼及其同事（Borman & associates，2005）调查认为，学生参与专注学习的程度很有限：

> 根据我们的调查结果，如果按学生在课堂上学习新概念和获取新技能的时间为衡量标准的话，现实是不太令人愉快的，当前的教师职业培训活动并没有转化成课堂上有效的教学策略和内容（第 153 页）。

我们前面曾谈过，尽管“学区和学校管理者都将为教师提高业务培训机会作为实施改革的首要焦点”（Borman & associates，2005，第 216 页)，但其影响是很有限的。因此，虽然教育工作者都赞同业务培训是改革成功的必要条件，但还没有将此转化为高产出的策略。

我们回到更大范围的“跨城运动”的改革评价中，芝加哥、

密尔沃基和西雅图的改革验证了这样的论断：教师职业培训是一个中心策略，但同时也是一个在课堂和学校层面实施起来存在很多问题的策略。

“跨城运动”（Cross City Campaign，2005，第9页）的研究人员发现，尽管学区努力提高每一期业务培训的质量，教师经历的业务培训仍是零散的，没有和他们的课堂实践联系起来。比如在西雅图，“教师业务培训是实施改革的主要工具”——三个关键战略性标准当中的一个（另外两个是“基于标准的改革”和“教学计划过程改革”）。研究人员总结，“单个教师的业务培训有时质量很高，但是没有形成整体。正如一位管理者观察的，‘主意是好主意，并且出于好的意图，只是没有坚持到底’”（第80页）。

那么怎么解决这个问题呢？总的来说，解决的办法是调过头来。解决的办法不涉及去协调各层上级统一安排和提供的业务培训，这种做法（1）通常不起作用，或（2）即使及时有效也必须是通过硬性规定行为规范，这在我们看来是自我挫败。

相反地，学校需要从课堂向外进行改革——我们可以在刚刚回顾过的对大规模改革的研究中窥见一斑。只有当教师的业务培训是以学校为单位进行的，并嵌入教师日常教学”的时候才能起作用（Cross City Campaign，2005，第10页）。科恩和希尔（Cohen & Hill，2001）指出，新政策和资源提供“学习的新机会，这些机会或者根植于使学生得到提高的课程，或者存在于学生成绩的评估中，或者两者兼有”（第9页）。

问题是即使在非常好的教育系统里，也只有少数的教师可以享受到（10%—20%）这些切实的学习机会，而且所有这些都发生在万事俱备的情况下。本书所谈论的这种教师业务培训只有少数教师能得到，而且即使在最好的情况下，教师业务培训也不是可持续的。这就是为什么我们要提倡系统的变革。

让我们把事情说得更清楚些。我们并不是说只有10%—20%的教师在学习。教师天天都在学习，而且他们中的大多数近来都在学习怎样提高学生的读写和数学分数。我们这里讨论的是，在目前的条件下，绝大多数教师的学习无助于学校达到能够实现新使命的“突破”。

那么教师怎样才能实现更深入的日常学习呢？第一步，用专业学习概念来代替业务培训是一个好的开端；第二步，要理解与环境相适应的专业学习是唯一可以转变课堂教学的业务学习。埃尔莫尔（Elmore，2004）说得对：“提高，更多的时候是一种在你工作的环境中**学习做正确的事情**的活动”（第73页）。

我们还应该强调“在你工作的环境中”。埃尔莫尔（Elmore，2004）详细描述了这个根本见解：

> 问题是教师几乎没有机会在他们工作的地方认真地进行与他们工作相关的持续性的学习，在自己的教室中观察和被他们的同事观察，并到其他学校教师的教室里去，从而使自己和其他学校的教师知道当面临相似的问题时该怎么办。（第127页）

这不光是教师的互动；他们必须与针对性教学结合起来做。我们将在第六章看到专业学习团体能够很有力地改变学校的教学环境，但却不足以深入到教室中。如果教师间互相交流效果差的教学方法，专业学习团体的互动可能会强化低效的教学方法，这样甚至可能（不是有意地）产生相反的影响（Cohen & Hill，2001）。

我们得到一个我们也不愿意看到的结论：最雄心勃勃的改革因为没能建立起学校的新使命而惨遭失败。这个新使命就是让所有的学生专注于有意义的学习。我们需要从课堂开始，将个人化、精确性和教师学习嵌入到学生和教育工作者的日常学习和工作中，并以此为基础重构问题及其解决模式。为此，我们需要建立围绕课堂教学的基础组织，使变革成为必然的结果。更重要的是，这些尝试应该切实可行。

第三章到第五章勾画出了教学的基础和实现教育为全体学生服务的解决方案的本质。要取得这样的成果，只有转变教育改革的最后一个前沿阵地——课堂教学，这要求注重使用数据以实现教学精确化。而且，如我们在第六章所述，需要学校具有实现“突破”的领导体系。

除了我们在书中所提及的，还有很多事情要做。我们的目标是把事情从道德原则、知性角度说清楚，使之有说服力。虽然我们经历了失败，但失败的改革给我们带来未来成功的启示——也许源于这些努力——我们相信我们正站在急剧“突破”的边缘。是该把学习变成一项面向所有人的、令人激动和极富回报的事业的时候了。

第三章

转变课堂教学

下面三章将陈述我们建构的“突破”的核心解决方案，它不仅对课堂教学而且对构成整个学校系统的所有层面都有意义。

教育多个层面之间具有连贯性——课堂、学校和大的系统（比如学区、州、联邦）——是学校改革成功的重要先决条件。如果缺乏这样的一致性和连贯性，学校教育的流程将被打断。如果没有一个始终如一的追求方向，教师和学校管理者收到的将是混杂的信息。长期的波动将取代平稳的流程，这样的趋势将挫败系统改革制度化的尝试。一致行动更容易取得可持续的进步。

但我们明白，系统的一致性只是改革成功的一个先决条件，即使这个条件能得到满足，我们的改革成就也会受到明显的限制。对那些积极地、成功地进行改革并取得内部高水平连贯性的学校系统来说，它们可能会很快达到天花板效应，继而为持续获得成功而艰苦挣扎。我们已经在澳大利亚提高小学生语文成绩的改革工作中看到了这一点。在英国也是如此，尽管达到很高的内部连贯性，在几年的显著提高之后，改革却进入到一个停滞期。

对于已经达到内部连贯但却不能把学生成绩再往上提高的系统来说，需要深入改革，致力于学校改革成功的最重要的条件：课堂教学质量。我们倡导的新方向复杂而富有挑战性——为教师提供必要的信息，转变课堂教学，使之成为一个以精确性为基础的过程，在日常教学中对所有学生进行有的放矢的指导。而且，我们要做这项工作而又不至于陷入我们在第二章提到的指令性陷阱里。

在过去的十年里，关于课堂教学的本质和教与学相互关联的思想取得了重大进展，在帮助教师成为善于反思的实践者方面也取得了同样重大的进展。在这些思想的进展方面有很多著述，然而迄今为止新思想的实施还处于很脆弱的状态，只有相对很少的学校改革成功的案例，尽管其数量在增长。我们说**脆弱**，是因为我们没有找到一个成功的例子，在那里可以让我们充满信心地宣称已将这些教育思想上的进展制度化，并融入系统的运行机制里。我们曾参与几个高度成功的改革工作，学校在这些改革里系统地计划并实施改革，但我们同时也意识到要将改革延伸、巩固，并使最好的课堂教学实践成为学校系统的准则和制度化特征，摆在我们面前的任务是非常艰巨的。

这本书并不是关于这些变革的，也不是寻求回答如何“大规模化”（将变革从少数学校扩展到多个学校）的答案。本书是关于最好的课堂教学实践能带给我们什么启示，并揭示出在当前范式下取得成功有哪些局限性。我们认为正是最好的实践本身对当前模式和假定提出质疑，并且指向思想和实践的“突破”。“突破”涉及产生巨大变化、变普通为超凡的强有力的变革。

而且，我们预计变革将会很快发生，在不同的地区，将有很多课堂教学思想“突破”付诸实践的例子。为什么我们相信变革即将发生呢？我们坚信很多课堂已经处于变革的边缘状态，已作好转换的准备，快速实施的条件已然成熟。临界点将很快达到，再有几年，没有学校或学校系统将不受影响。下一阶段的改革将到达变革的最后一个前沿阵地——课堂教学的改革。

当前模式

为什么用教学（instruction）这个词而不是教（teaching）来表达教学的意义？教是指教师的单方面工作。然而在课堂里，教学活动是在特定但不断变化的情况下，学生、教师和资源之间的交流互动，教师只是其中的一个角色，虽然是最重要的一个。我们因此倾向于使用**教学**。科恩，劳登布什和鲍尔（Cohen，Raudenbush & Ball，2003）的定义如下：

> 教学包括教师和学生在环境中围绕着内容交流互动……“教学”没有特定的讲解形式，而是指将教师和学生联结在一起的工作，天天如此，周周如此，月月如此。当任务逐步展开并导致其他的结果时，当学生的参与和理解增强与减弱时，以及机构变革时，教学也随之演化。教学是一条流线，而不是一个事件，它根据环境的变化而变化。环境因素包括其他教师和学生，学校领导，家长，专业人员，当地学区，州一级机构，以及测试机构和教科书出版商。(第 122 页)。

这个定义突出了教学高度复杂、互动的特性，以及多层面因素对它的影响。它同时也显示出教育最大的矛盾。一方面，课堂教学是广泛地被人经历的公共性活动之一，几乎每个人无论男女老幼都能从个人的经历来谈论一番。学校和学校教育无所不在，教师是最大的职业群体。然而在另一方面，课堂教学对研究者来说很大程度上仍然是捉磨不透的、枝节纷绕的一张网。其结果是，关于课堂教学的知识基础令人吃惊地稀少，在很多关于学校改革政策的讨论中，课堂仍然是一个“黑匣子”。

造成课堂教学如此令人捉磨不透的部分原因是课堂教学的高度互动性和不可预测性。无论教师作了多少准备，无论课堂日常秩序和常规建立得多么完善，总是有无法预见的事情发生。在现有的模式下，课堂教学依靠教师在多年经验积累之上的直觉作出闪电般迅速而又细致妥帖的时时调节来应对意外情况。其他职业很少需要像教学这样见机行事。“突破”的解决办法拒绝认为这样的情况应该持续下去。

在一个层面上，课堂教学是完全透明的，没有什么秘密可言，因此人人都能教书是一种普遍的看法（恰如俗语所言：“能干的人做事，不能干的人教书”），对具有一定的智力和教育程度的人来说，教书并不涉及高深的专业知识和技术，可以迅速掌握。在另一个层面上，有效的课堂教学实质上是不可言说、无法定义的，更不要说系统地探究和复制了。

还有其他的原因致使课堂仍是一个黑匣子。正如伯尼（Burney，2004）评论的，学校教育仍然在这样一个模式下运行：

> 单个的教师……在隔绝状态下工作，在紧闭的教室门后铸造自己的教学实践方法……教师们逐渐认为自治和创造——而不是严谨的共享的知识——是其职业的标志。这样就进一步产生了高度个人化的教学方式，教学质量和效力因而千差万别。这使得每个教师自己发明他/她自己的知识基础——没有经过检验和测试的、独特的、可能与其他教师的知识相矛盾的知识基础。（第528页）

问题的焦点是课堂教学不可避免的两难选择：一个教师和（比如说）30个学生，每个学生都具有不同的学习动机、不同的起点、不同的能力和不同的阻碍学习的弱点。人们设计发明出来许多策略以应对这些个体的差异，从分流到班级内的分组。但是，每个策略总的来说都是在忽略个体差异的教学基础上进行微调。学生被划分成不同的年级，主要根据他们的年龄而不是他们的学习状况。每个年级有不同的课程目标和成绩标准，在同一年级里每个学生都受教于同一教师。一年终结后，许多学生升入下一年级，面临新的课程目标、标准和新的教师，无论他们在上一年级里知识掌握得如何，不管他们与教师建立起什么样的关系，也不管教师所积累的对学生的了解如何。

这种年级累进模式是工厂流水线模式在学校的翻版。它假定同龄人具有同等的学习基础和学习进度。这个模式持续使用着，尽管大量的证据表明大约在三年级，同一年级中学生的学业差距可能多达五学年或者更甚。这个模式使得对学生的评估与他们的起点无关，因为起点是课程规定好的，而不是学生自己的准备情况。然而，学生间的差距仍然存在并且成为问题的关键，即多年未解决的老问题——个人化教学。

正是这个两难——教学既要应对个体的需求，又必须顾及一个30人的班集体或者说按年龄划分的集体，但又缺乏清晰的思路去面对学生的个体需求——使得课堂教学问题重重。在缺乏满意答案的情况下，课堂教学始终是一个问题，使得那些把教学变成精确、有效、数据驱动的专家活动而进行的努力难以奏效。许多教师现在发现他们正在试图打破无休止的循环——新的想法被采纳又很快被放弃，因为它们不能解决课堂教学中的两难问题。找到解决方案就是“突破”，我们需要“突破”，越过目前系统和教师们遇到的天花板效应，实现学生成绩大幅度提高。

问题的症结

在前面，我们已经论证过元分析和基于成千上万篇关于有效教学和课堂指导的研究的综合分析，显示了影响学生成绩最重要的、远超过其他因素的三个因素是：

1. 学习动机和高期望值；
2. 学习时间和学习机会；
3. 针对性教学。

前两个因素的含义和重要意义都被大家普遍理解而无须解释。除非学生有动机去学习，除非同学、父母、教师、学校管理者和社会期望他们达到高标准，否则学生将不会努力学习。高期望值意味着相信所有学生都可以达到高标准，意味着存在挑战性的标准和为实现目标而采取的监控手段。高期望值还意味着坚信通过努力所有学生都可以达到高标准，意味着要采取一切措施使学生达到高标准。

关于第二个因素，大量研究表明有效学习需要学生在学习上花足够的时间。学习需要时间，不同个体需要不同的时间来完成同一学习任务。一个早期学校学习模式之一，即卡罗尔（Carroll，1989）所描述的模式就体现了这个重要真理。一个同样重要的推论是，教学需要良好的课堂教学组织和强有力的常规程序，以确保学习活动得以最大程度地增加学习时间，减少打断和干扰。我们并非说这容易做到，因为我们知道教师要建立起有效开展教学的课堂日常规程需要花很大力气。在本书后面的部分，我们将参照早期文献勾画阐释"突破"的方法，我们将强调教师在进行小组教学时使用一些教学工具来保证学生富有成效地学习是非常重要的。这些教学工具包括诸如学习活动管理板、闹钟、图书篮、书桌整理箱和过渡程序。

第三个因素是针对性教学，我们比较难以刻画出其特点。希仁斯和波斯克（Scheerens & Bosker，1997）确定了两个分开的因素，即教学方法的结构性和教师可操控的有针对性的教学指导。我们相信这两者是一个要素的两个表征，即针对每个学生的需要进行教学。我们认为针对性教学是：

1. 通过准确的过程评估，在教学时精确地知道每个学生的优缺点；
2. 在教学中知道什么是适合的指导，特别是在什么时候，使用什么，怎么使用教学策略和相应的资源；
3. 在日常工作中，使用课堂结构、程序和工具来进行有区别的指导和针对性教学。

“突破”涉及找到满意的答案，解答怎样使教和学与个体学生的需要结合起来的问题，在每堂课上向学生提供专家程度的、针对性的教学。

在此阶段，关于针对性教学我们要指出两个要点。第一，针对性教学的概念与广泛认可的关于学习本质的认识是一致的。第二，优秀的针对性教学的例子确实有，但在常规课堂里很少见。

学习理论的基础

在用于解释学习的理论中，也许没有比维果茨基（Vygotsky，1978）的最近发展区理论更有力的了。这个最近发展区是指学习被促进的关键区域。任何一个人的最近发展区都不是单一的；最近发展区随知识领域而变化，且每时每刻都不同。维果茨基还提出了**帮助式发展**的理论，这个理论建立在这样的观点之上：如果一个“有更多知识的他人”（比如教师）建构学习，使得所需完成的学习任务的难度与学习者个体的需求一致起来，学习者的学习效果将达到最大化。此任务的难度在于要将指导与个体学习者的需要结合起来。教师的角色，正如布鲁纳（Bruner）所言，就是建构并支持完成学习新任务的学习过程，向学习者表明怎样从其当前能独立完成的任务层次向更高的层次能力迈进（Wood，Bruner & Ross，1976）。

教学最基本的要点是：只有当教学足够精确并直接建立在学生已有基础之上时，且将学生带到更高一层能力时才是有力的。教师必须做很多事情，但最关键的是设计和组织指导，从而使教学有针对性。如果没有针对性，教学指导就没有效果，学生或者花费太多时间从事过于简单、不涉及学习新东西的活动上，或者在太难、涉及学习或再学习太多新东西的学习活动上花费太少时间。

在一个教室里，我们可能看到三年级学生正在阅读同一文选的同一篇文章。部分学生能够轻松地阅读并复述，这个任务对他们来讲没有什么挑战性；对另外一些学生来说，文章本身难易程度适中，在合适的指导范围内，没有给学生提供相应的指导使他们提高阅读能力。对其余的学生来说，文章的难度远远超过他们的阅读能力，他们将经历阅读的挫折并失败，这再次强化了对他们自己能力和对课堂学习的负面态度。这就是整齐划一的教学模式的弊端。而在另一个教室中，我们可能看到学生们在阅读适合他们程度的不同难度的文章，文章的选择是与他们的阅读能力相匹配的，是教师根据对每个学生的跟踪评估，并根据特定的教学目标而确定的。这就是针对性教学。毋庸讳言，在所有科目和所有年级的教学中，我们都能发现整齐划一和针对性教学的例子。

正是由于针对性教学，学习者才能把概念联系起来，学习才能有效发生。在理想状态下，教师应能精确地知道每个学生当前的起点和学生需要什么样的帮助才能进入下一个能力层面进行学习。现在的课堂教学根本不可能做到这些。尽管教师没有完全意识到每个学生特定的学习需求，大多数学生还是可以在学习中取得进步。学生在不断地通过试误法和教师或多或少合适的指导下磕磕绊绊地前进。教师们的头脑里有对哪些已经教过了，在哪个年级应该教什么的大体估计。一些教师在个别的学科领域具备较深的知识，知道能力发展的层次以及这些层次反映在学生理解上的表现。但总体上讲，一般教师开始每堂课时对学生知道什么和不知道什么、哪部分该提供重点指导和帮助以满足学生的学习需求只有一个大致的认识。其结果是，课堂教学缺乏使所有学生都致力于有效学习的针对性和准确性。学生需要自己填补差距并在学习的迷宫中找到自己的出路。

教师们知道这点，也充分意识到他们关于学习以及帮助学生发展的理念与在忙碌的课堂中真正实行的差距。理论指出了某些条件对学习的重要性，只有当这些条件得到满足了，有效的学习才能发生。但在当前的教学模式和现有的课堂现实中，教师日复一日地与30名左右的学生交流互动，这些条件持续稳定地获得满足几乎是不可能的。

难道只能这样下去了吗？难道面向所有学生的针对性教学是一个可望不可及的理想？我们知道，针对性教学通常可以在家长与孩子的互动中观察到，比如说，家长在促进孩子早期语言发展中的反馈和示范。针对性指导也可以在诸如体育运动训练，单独辅导，或者一些一对一的情形如学习弹奏钢琴中观察到。但是，正如无数的研究结果所证实的，针对性教学在教室中很少观察到（Tharp & Gallimore，1988，第42页）。针对性教学意味着熟悉每个学生，以及他/她在任何时刻的能力，并通过课堂组织环境把这些知识用于实践。这种对学生的熟悉程度和课堂环境现在几乎不存在。“突破”涉及找到办法重新设计课堂教学以使针对性教学能够持续发生，以使指导真正成为更精确的、有效的、数据驱动的专家行为。令人鼓舞的是，我们可以描述和给出使针对性教学成为现实的工具和过程的可行的例子。困难在于怎样使之在大范围内发生——包括每个学生，每个教师，每个领导者。

突　破

我们的信念是针对性教学能够而且必须走进普通的教室中。我们怀疑课堂教学永远不可能达到像在一对一辅导的情况下所能达到的个人化和精确性程度，但是我们有信心，它完全可以比现在的个人化和精确性程度高很多。

为了能实现这个目标，必须对课堂教学进行转型。正如我们早先提到的，所需的变革是细小的和微妙的，但它们的影响却很大。在随后的两章中，我们将列出实现变革的策略，并且用详细和具体的术语描述每个变化。

关键的假定

首先，我们假定两个针对性教学的成分已经存在或能够实施。它们是：

1. 一张详细的课程图，清晰地标注出学习内容，相关标准和目标，以及学生进步的衡量指标（比如从学前班到二年级的早期语文，或关于中间年级的代数。）
2. 在普通教室的环境中如何最好地根据这些教学目标教学的详细具体的知识，包括清晰的教学策略和方法，以及课堂规程和活动。

换句话说，我们假定有能力清楚地表明我们要教什么和怎么教。

我们认为有很多好的课程例子提供了必要程度的规定和指导方案，这些教学指导方案是精心设计的教学方法，如在合适的时间用于合适的学生，课堂教学的效果是很好的。不可能在所有教室中都能观察到它们，但没有它们不应出现的理由。

四个新成分

现在，让我们看看当前在实际上不存在什么。我们列出四项，全部相关联，缺少任何一项都是不够的。它们是：

1. 一套有力的评估工具，这套工具与每堂课的学习目的相配套，它使教师每日获得有关每个学生进步的准确的、综合的信息，这套工具的管理使用不会过度干扰正常的课堂秩序。
2. 一个不用太多时间而又能捕捉到过程评估数据的方法。自动分析数据，并把数据转换成可有效推动教学的信息，使教师很快即可做出教学方案，而无须等到将来。
3. 一种使用每个学生的评估信息来设计并实施个人化教学的措施；为教学而评估成为提高教学精确性的策略。
4. 一套嵌入的手段来监测和管理学习，测试哪些能有效地系统地提高课堂教学的效果，从而使之更加精确地应对教室中每个学生的学习需求。

有人马上会想到目前的一些教学活动接近实现以上一项或几项，但我们意识到还没有包含以上四项并将之统一起来的教学实践的例子。例如，DIBELS（Good & Kaminski，2002）做了大量的工作，在监测对早期阅读的评估上达到了上述的前三项，然而它目前仍局限于对阅读技巧的评估，忽略了口语发展、综合理解以及批判性读写等关键领域。

如果课堂教学能够使以上四项同时表现出来，这将导致学生的学习不断地大幅提高，更重要的是，将带来教学观念的重大转变。这是因为，课堂教学将第一次以学生为中心进行组织而不是以教师为中心；教学不是开始于教，结束于测量学生的进步，而是开始于测量学生知道什么和能够做什么；教学是在这些信息的基础上设计的。换句话说，逻辑与常规做法相反。这将是一个根本性的转变，因为第一次系统的提高将是课堂教学步骤的一部分，使课堂教学成为越来越专业的、经过验证（基于科学性）的活动。

当前，许多教学项目设计只考虑到学生大致的起点。事实上，一些项目的开发者竟然说他们的项目不仅是“任何教师都能教的”，而且还是“任何学生都能学的”。写好的教案使任何一个教师（经过适当的训练）都能教任何一个学生（在同一大体的学习水平上）。这样的项目经常具备很少或不具备用于个人化教学的能力。我们正在谈论的是将个人化有机地嵌入课堂教学的机制里。借用克莱（Clay，1993）的话但将之应用于课堂场景，我们正在谈论“一个由孩子的表现来决定的雄伟的渐进项目”（第 9 页）。

我们坚信在日常基础上，在普通课堂环境中，实现这样程度的个人化和设计教学方案来辅助针对性教学是可能的。后续的两章将介绍怎样实现这个前景。为了突破现有的关于什么是可能的思考模式，我们将花费一些时间看看教育之外面临类似问题和挑战的领域寻找成功的范式转换的例子。我们要寻找的突破要求我们超越现有的思维局限，从已经产生根本变革的其他领域获得启示。我们必须创造一个切实可行的有效地为全体服务的新系统。

第四章

创造专家指导系统

唯一能使课堂教学变成我们期待的那样的方式，是通过**设计**和**创造**专家教学**系统**。设计和系统这些术语听起来很冷、技术至上，并且与通行的信念（教学是不可改变的特殊的活动）相反——即教学是一门艺术，不受系统复制的知识所影响（Elmore，2004，第221页）。这些术语也刺痛着一些教师们的敏感神经，这些教师的职业竞争力曾受到外界硬性规定的挑战，曾因经历过一刀切的教学改革而变得迟钝和丧失技巧。

我们所谈论的教学系统应该鼓励接受过高水平训练的有能力的教师，因为是他们在课堂教学中作出重要的决定。精确性并不意味着硬性规定。相反，我们谈论的教学系统是通过教师的输入和互相作用才得以不停地发展和改进。这一点非常重要：只有当专业人员有意义地参与其中时，课堂教学变革才能发生。

对新手和能力差一些的教师来说，这样的系统应该保证他们能为全体学生提供高起点的教学；而对大多数有经验和有能力的教师来说，系统则提供机会使他们走向职业的更高一层阶梯，成为专家教学系统的合作研究者和合作设计者。

一个关键的问题是，教师和管理者是否能发现我们的建议可以发挥明显的作用，减轻他们的苦恼。我们提出的设计实际上使得日常教学更容易，最重要的是，它能够激励教师，这不仅因为它简单，更因为它直接激励学生。学生，特别是那些学习十分投入的学生，能够激励哪怕是最疲倦不堪的教师。当教师日复一日面对没有学习动力的孩子时，他们将丧失热情。绝大多数教师希望教导那些能够不断进步的学生。当全体教师看到他们可以并且正在帮助学生进步时，突破才得以实现。大多数教师不是改革的阻碍者。如果我们能使教师致力于什么对学生好，其他阻碍者将不再成为阻力。我们强调这一点，是因为我们坚信新的突破的理念和过程将激励那些正在挣扎着的、处在矛盾中的甚至怀疑他们能否帮助学生进步的教师，进而那类改革的阻碍者将会变得很少。道德目标和有效的教学方法相结合势在必行。

重点在于通过设计来进行改进

赫伯特·西蒙（Herbert Simon，1996）第一次区分了科学和专业。科学关注自然现象，研究事物是**什么样**的，而专业的关注重点则是人造物，事物**应该**是**什么样的**。西蒙认为建筑学、商科、教育、工程、法律和医药等主要关注事物应该是什么样的，都有**设计**的过程。就以上这些专业而言，他认为基本宗旨是找到最好的办法实现某个特定的目标。

找到最好的办法不是来自于日常的发现或者意外之喜，而是通过设计和评价逐渐得来的。回忆森奇（Senge，1990）的 DC－3 的例子。许多人类系统也是如此。医疗保健系统通过系统地关注设计和评价而得到了大的改善，我们将在下文中对此具体描述。住院时间大为缩短，病人得到更多信息，不舒适和疼痛感减弱，健康状况得到改善，治疗成本减少（尽管总的花费在增加，因为更多人参与医疗保健）。医疗保健系统变得更加复杂，医生因专业更加细分而更加专门化和专家化，护士受到更多的教育和训练；医院病房和标准治疗的管理状况变化之大，与数十年前相比，已经几乎认不出来了。

在学校教育领域，注重系统的设计以逐渐提高其核心技术——课堂教学——的迹象较少。正如很多人评论的，课堂在过去的几十年变化很小。除了注入一些新技术之外，对一代又一代人来说，教学看起来是一样的。教室中使用的技术可谓简单，即使教学里使用了新技术，也比学生家里使用的技术落伍。如果20世纪50年代和60年代早期那些教我们的教师还活着，他们将能够识别出21世纪英语或数学课堂教学的所有基本特征，而且实际上没有太多困难就能接过教学任务。当然，对于学生行为的规范和期望值会有所不同，还有一些教学新内容和不同的环境，但就核心技术而言，教学变化极其微小。但对护理来说，情况则截然不同。20世纪50年代的护士要辨认出现在工作过程的任何一个方面都有难度，他们根本无法胜任今天的护士工作。

对教师和教学专业来说，变革是不是太困难了？我们都认为教学变革了，今日的教室与昔日情形有很大不同。事情就是这样。虽然革新者和先锋总是有的，但如果仔细验查，很多革新仅仅是上一代教师认为他们已经发明的东西。我们现在谈论很多建构主义，关于建立以学生为中心的课堂教学，就好像这些思想很前沿，实际上进步教育家探索这些思想已经将近一百年了。关于约翰·杜威时代激动人心的改革，我们几乎不记得了，尽管我们当中的一些人还保留着对20世纪60年代极具创新性但却短命的课程革新的生动记忆，例如《人类：一门研究课程》（MACOS）。与其他评论者一样，我们的结论是在课堂教学的边缘不断出现重复再创新，但中心地带却没有得到改革。

这并非说教师没有经历变化。恰恰相反，变革是不断的。埃尔莫尔（Elmore，2004）与相当多的作者观点一致，他评论道，学校已经学会了在表层结构上作很大变革而在核心部分却几乎没什么变革。一波又一波的改革动议不停地中断学校的表层生活但很少深入到课堂以带来教学的系统性改进。

这是因为学校教育没有嵌入其内部的机制来引导课堂教学不断改进。威尔逊和戴维斯（Wilson & Daviss，1994）称这种机制为**再设计过程**，这种机制在其他领域已很好地被建立起来，他们将再设计过程描述为：

> 是研究、发展、传播和完善的整合。这个整合过程使得革新和创造革新的工作流程得以产生、完善，并能使人们用得起。
>
> ……是一种进行战略性、系统性改革的制度化方法。这个方法不停地运作来实现卓越的蓝图，并当变化的环境需要修改卓越的含义时，重新定义卓越（第22页）。

在中国，教师为了有时间备课和课外接触学生，承担较轻的教学工作。经过考察和在大批同行面前演示教学后，好的教师被授予某种称号并获得奖金（Cortazzi & Jin Lixian，2001）。在日本，课程学习得到广泛应用，这是一种专业发展的方式，教师们数月在一起工作来改进一个单独的课程单元，之后向全体教师公开这个课程单元（Stigler & Heibert，1999）。许多英语国家在最近几年引入了课堂教练的概念，该教练在指定的课程领域（比如早期读写）与教师业务学习团队合作改进课堂教学。这些都是改进课堂教学质量的制度化方法，但是没有任何一种如我们即将介绍的方法一样所具有的强度或效力，能持续、系统地改进课堂教学。这些方法使用规模太小，范围太有限，没有概念化，太零散，缺乏资源，没有严谨的研究作为基础。

教育研究事业必须对这种情形承担大的责任。太多的教育研究按照自然科学的模式进行，寻找重大的理论并且企图对它作出描述，而不是专注于设计和**应该是什么**。其结果是，教育研究经常与实践者的工作联系很少，在促进实践进步上几乎没什么作用。伯克哈特和舍恩费尔德（Burkhardt & Schoenfeld，2003）评论道，“在研究的基础上开发工具和设计过程以供实践者使用，这在其他领域普遍采用，而在教育领域则很缺乏”（第3页）。他们，连同其他领先的研究者，包括瑟吉欧万尼（Sergiovanni，2000）呼吁整个教育研究转变方向，成为设计的科学和艺术，大量使用设计试验，采用设计和工程领域的研究程式。

有趣的是，以设计为基础的研究并非是反理论的。事实上，好的以设计为基础的研究能为发展某种理论提供最好的前景。

> 非常重要的是，以设计为基础的研究超越了单纯的设计和对特定干预措施的测试。干预措施体现了人们教和学的一些观点，反映了人们要执著地理解理论、人工设计和实践之间的关系。同时，对特定干预的研究有助于发展学与教的理论。（The Design - Based Research Collective，2003，第6页）

我们看到未来所需要的教学系统，能从在研究指导实践的作用方面以设计为中心的理念中产生出来。实际上，我们相信教学系统应该被看作是不断进行的关于不断完善和提高的研究和发展项目。正如早些时候评论的，我们相信教师的角色需要相应地重塑，使之以适当程度参与严谨计划和实施的、大规模的、有足够资源支持的研究和发展项目，并作出自己的贡献。转变课堂教学需要教师们的有意义的参与。

与科恩、劳登布什和鲍尔（Cohen，Raudenbush，& Ball，2003）一样，我们也坚信重点必须放在**教学系统**上，而不是单个的、互不相关的项目上。这样的系统要求教学比现在的普遍做法具备更高的一致性。采用系统的手段，意味着着眼于所有与提高学生学习相关的层面，包括单个学生的、家庭的、课堂的、学校的、地区的、州的或者全国的层面。它意味着要系统性地考虑到所有层面的相关因素来设计一个连贯性的教育系统。

在美国，通过发展综合学校设计进行的学校改革运动类似于上述的系统方法。这个运动开始于新美国学校发展公司（New American Schools Development Corporation）的九个设计项目（Stringfield，Ross & Smith，1996）。每个设计都经过教育工作者团队数百小时的设计，基于研究文献上能找到的最好的实践和研究结果，所有人员共同努力，致力于创造一个连贯一致的方法来改进教学。在很短的时间里，大量的设计被创造出来并在学校付诸实施。博尔曼、休斯、奥弗曼和布朗（Borman，Hewes，Overman & Brown，2003）采用元分析的研究方法对其中 29 个最著名模式的效果进行了总结。证据表明，这些设计对学生学习的影响参差不齐，差别相当大。有的根本没有影响，有的则有质的影响。总的来说，与花费的努力相比，学校设计所取得的成绩不太明显。

为什么许多学校设计的改革没有达到预期的效果？有以下几个原因：

- 第一，许多设计的规定不具体。并不是说他们没有针对学校工作的某个相对小的部分，而是说在它们重点关注的地方，往往缺乏对具体和必要的手段以及支持的规定或设计。
- 第二，至少在一开始，设计者过高地估计了大多数学校进行改革的能力，并没有深入思考他们改革的策略。来自设计者的抱怨主要是学校没有实施这些设计；学校则认为外界要求他们改变的太多太快。令问题更为糟糕的是大多数的设计恰恰都在变革能力最弱的学校实施，即那些处于挣扎中或失败的学校。
- 第三，许多设计基本上着眼于课堂教学的辅助支持性条件而不是课堂教学本身。当他们确实着眼于教学时，他们更多关注的是大体的结构、总的理念和教学方法以及一般性的建议和指导。比如，对于某个特定的学科，他们可能有特定的学习时间表、典型的课程结构和教室常规供教师采用，以此辅助教学，但可能没有细化到怎样教某个特定的章节。那些确实注重于教学核心——这些往往是更有效的设计——一般来讲常常流于硬性规定而不是使教学更具有精确性，他们提供了可供照本宣科的素材和统一规格的教学方法，反而使教学因这种专家的设计而丧失了针对性和精确性。

- 第四，这样的学校设计依赖外部的项目而不是外部指导系统。我们的办法是将教师和学生置于驾驶员的座位上，营造环境系统来进行针对性教学。
- 第五，具有讽刺意味的是，综合学校设计并不是**系统**的方案。除了综合的要求之外，这样的设计并没有涉及怎样转变系统的其他层面。即使他们这样做了，他们也是错的——因为他们的起点就有错误（一些模式太模糊而另一些则规定太具体）。我们再一次强调，本书所勾勒的针对性教学是必需的起点。

因为综合学校设计模式的改革结果参差不一，所以会让人们认为应彻底摒弃“设计”这个概念。这种极具危险的想法是错误的。相反的，我们需要重新走到画板那儿去，设计出可以渗透到每个教室的专家教学系统。

专家教学系统

至此，我们已经论证了要建立课堂教学的新范式。这个新范式使用精心设计的教学系统来提供针对性教学，强调精确性而不是指令性。现在，我们需要关注“突破”的另一个主要方面——创造专家教学系统。

专家系统产生于人工智能的工作领域，并且已经广泛应用于诸如商业、工程、法律和军事等领域。教育工作者有相当大的兴趣对比新手思维和专家思维。已经有了几个试图在教育和培训领域应用这方面的知识创建专家系统的例子，但是这些努力通常集中在很窄的范围内，并没有广泛地应用于课堂环境中。

专家系统寻求在现实世界的实践环境中提供专家质量的建议和诊断。例如，在医学领域，一个普通的家庭医生（当我们生病了去拜访的那种医生）可以利用专家系统来帮助他们进行非常规的、有难度的诊断。把病人的症状输入电脑，系统提供专家意见或建议作进一步的诊断，并能找到所有与治疗相关的信息。当普通的实践者在解决问题和作决定时，需要得到及时的专家意见，这正是专家系统在该领域发挥作用的时候。

开发一个专家系统需要编撰相关的专家知识。这不是一个小任务，因为专家们常常并不完全意识到他们是怎么做到的。他们发现，确切地表达他们使用了哪些知识和规则来解决问题是一件很困难的事，或者可能会忘记那些他们认为太明显但对新手来说并非如此的事情。这意味着首次创建专家系统很难不出错。绝大多数专家系统开始时只是一个初始的模型，日后在专家和系统使用者的反馈基础上经过多次修改而进一步完善。

我们将课堂教学看作是一种可以通过使所有教师都能获得专家知识而加以改进的活动。很显然没有一个教师能够在所有时间都是专家。尽管多数教师能够胜任工作，但几乎没有一个人能在他们教学的课程和指导的各个领域内都是专家。教学的性质以及无休止的工作要求，使得教师几乎没有时间和机会在他们每天需要处理大量复杂问题的情况下发展深入的专业知识。并不是每个教师都是教学大师，也没有一个教师能够在现场不停地设计出像日本教师团队花费一年时间才开发和完善出来的课程。

但最重要的是，我们坚信在教学中有专家知识；专家知识能够明确地表示出来，所以它能够被复制和证实；并且专家教学可以提高学习。需要再一次重申，我们不需要从头开始。已经有大量关于有效教学和有力指导的文献。专家的工作比如说马扎诺（Marzano，2003）在统合学生、教师和学校三个层面的研究上做了大量工作，帮助学校认识到需要采取不止一个项目来达到使所有学生都成功的目的。但是现今还没有工作已经发展到我们所提出的精确程度。

专家系统涉及大量的工作，这就是为什么大多数已经开发出来的专家系统只处理相当窄领域的活动。我们设想的专家系统要在相当广的教学领域里帮助定义什么是专家行为。不过我们确信在教学的很多相关领域里，好的专家知识已经存在。现在缺少的是在课堂中当教师需要作出教学决定时能及时给他们提供所需专家知识的系统，以及系统化地证实和改进专家系统的知识基础的手段。

为学习服务的评估

任何一个专家系统的中心都是两个核心的子系统：一个是专家在特定情况下怎么做的知识基础；另一个是与手头情况相关的该案例数据。在当前状态下，没有数据的支持，专家什么都不是：没有数据，所有他们能做的只是提供高质量的却未与实际相联系的观点。在一个专家**教学**系统中，案例数据包括了该案例的有关学习者以前和现在的学习状况的信息。用我们都熟悉的语言来讲，个案数据存在于能力评估或者为学习服务的评估中。

为学习服务的评估，正如每个教师所知道的，是获得教和学的反馈并利用反馈进一步塑造教学过程并改进学习。提供给教师的反馈使教师能够有针对性地教学；向学生反馈能够使学生监控和提高他们自己的学习。能力评估这个术语已经使用了很长时间，以至于丧失了传递意义和重要性的力度，这就是为什么我们寻求替代的术语，比如**为学习服务的评估**或者**建构主义评估**(Roos & Hamilton, 2005)。

评论家们指出，为学习服务的评估几十年来一直没有得到足够的关注，而且处于比总结性评估低的地位。大多数时候，我们看到对学习的评估，而不是为学习服务的评估。这种评估得到的信息很少能用来指导每日的教学决定和改进学习。

这些并不是新思想。我们在第二章已经看到，很多年前罗伊斯·萨德勒（Royce Sadler, 1989）已将为学习服务的评估和能力评估作为教学系统设计的中心部分。保罗·布莱克和迪伦·威廉姆(Paul Black & Dylan Wiliam, 1998a; 1998b）展示了有力的证据，证明使用能力评估作为一种手段来提高标准是有效的，这种做法已经存在了很多年。理查德·斯蒂金斯（Richard Stiggins, 2004）和其他人揭示了长期以来的误解，即政策制定者以评估敦促学校改进为乐，他们再一次用案例表明人们应重新注重评估要为教学服务。我们重申这些思想，是想将评估放在设计专家指导系统的情境中。对需要什么，我们有自己的看法。重申在以前章节中说过的，我们需要：

1. 一套有力的评估工具。这套工具与每堂课的学习目的相配套，它使教师每日获得有关每个学生进步的准确的、综合的信息，这套工具的管理使用不会过度干扰正常的课堂秩序。
2. 一个不用太多时间而又能捕捉到过程评估数据的方法。自动分析数据，并把数据转换成可有效推动教学的信息，使教师很快即可做出教学方案，而无须等到将来。
3. 一种使用每个学生的评估信息来设计并实施个人化教学的措施；为教学而评估成为提高教学精确

性的策略。

4. 一套嵌入的手段来监测和管理学习，测试哪些能有效地系统地提高课堂教学的效果，从而使之更加精确地应对教室中每个学生的学习需求。

在下一章，我们将勾勒出这个系统的轮廓。在这样做之前，我们先介绍另一个公共服务领域，它经历了一场思维上的巨变，其变革与我们设想的课堂教学的转变类似，这就是医疗保健领域。

借鉴医疗保健系统的实践

许多教师怀疑他们的专业是否可以借鉴其他公共服务领域，特别是医疗保健领域。他们恰当地指出教育不像医疗保健一样，因为学生不是病人；教育不应按赤字模型而应该按发展模型运行。我们完全同意这个观点。

一些人更近一步讨论每个学生的独特性，认为个人化在其他的公共服务领域不像在教育领域那样至关重要。我们同意了解每个学生的必要性，而且实际上，我们的主要动机是更好地应对个体的需要而不是在教室中采取整齐划一的课堂教学方法。但我们不同意其他领域不需要区别对待个体间差别的观点。比如，在医疗保健领域，每个病人都是一个个体，有着自己独特的病史和情况，需要相应地区别对待。

此外，还有一些人的观点更加背离了我们的想法，说教学不像其他形式的公共服务，不能通过以证据为基础的、系统的方法得到提高。他们认为教学的突出特点是直觉的、创造性的活动，否定理性的、科学的看法。我们相信教学应该兼具艺术性和科学性，当教育被看作是主要考虑设计专家教学系统时，这两种观点便自然而然地结合起来了。

医疗保健的改革

我们能从医疗保健改革中学到什么呢？最重要的启示是，近来它从原来像教育一样，走向以证据为基础的设计科学。在我们看来，教育将不可避免地步入同样的路径。格罗弗·怀特赫斯特(Grover Whitehurst，2004)，美国教育部教育科学研究所的主任，表达了潜在的教育思想的根本变化：

> 一些人认为，受到很好训练的教师或者初诊医生是从事创造性活动的艺术家。与此不同，以证据为基础的观点则认为，教师和医生的角色是实施和监测经研究证明有效的方案，根据个体的需要进行必要的调整，以达到最好的结果（Grover Whitehurst，2004，第5页）。

现在我们理所当然地认为，当医生开某种药的处方或者推荐某种治疗步骤时，药和治疗方法的效力应已在试验中得到检验，它们的任何副作用和危险都应得到正确地评价和公开。现在情况正是如此，这是因为有标准和执行这些标准的要求。当某种特定的药物被发现有问题时，会有采取更正措施的相应机制（尽管在一些例子里更正得不够快）。但是，这样的标准实践并不是历来如此。只是在近来医学才有了标准，医学诊断才是基于科学证据的而不是医生积累的知识和经验。

医疗保健从近年的多个宏观层次改革中获益，改善了对所有人的服务效果。最近，医疗保健进一步获益，它通过采用新的方法进行变革使医院里的治疗更加个人化。教育工作者从理解这些变化当中学到了重要的经验。我们意识到在一些国家，无论从就诊时间还是从总体费用上来说，医疗保健系统仍然那么匮乏。然而，新系统在许多国家和地区目前正在进行的系统设计都已表现出向我们提倡的个人化、精确化的方向前进。

就拿医院来说，在某些方面，它很像学校。病区就好比是教室。病人根据他们的诊疗需要被划分到不同的病区。比如，有产科和心脏病病区，等等。但是每个病人都有自己的病史和状况，在治疗时需要把这些考虑进去，加以针对性地对待。

15 年前，当你走进医院做某种手术，几乎没有标准程序或者模式可循。对同一症状，在同一医院的同一病区，不同医生可能采取非常不同的检测和治疗手段。他们倾向于向护士发号施令而不是把他们当作对病人症状有洞察力和在治疗、护理病人方面充当一定角色的专业人士。实际上，诊治的质量相差很大。医院过去不是以病人为中心，而是以工厂模式运行，就像今天太多的学校以这样的方式运行一样很普遍。而且，医生彼此隔绝地工作着，发明着自己独有的知识库和方法。

变革的推动力源于资金来源的新模式。面对失去控制不断攀升的住院费用，很有必要提供激励手段来减少不必要的、高昂的检查和治疗步骤，缩短病人在医院的时间而又不会影响治疗结果（甚至可能改进）。新的资助形式被称为病例混合资助。政府计算出标准手术的平均费用，告知医院这将是他们未来得到多少拨款的数量。如果医院不能有效使用或者病人住院时间超过平均值，医院将损失资金。如果他们减少治疗病人的时间和费用，他们就能获利。这就是改革的真正推动力。

在短短的几年里，病人治疗费用大大节省了，同时也提高了诊治质量。节约资金的变化是通过实施项目计划者一直以来称之为关键路径分析的方法实现的。关键路径分析方法应用于医疗保健领域，反过来经过调整成为特别适合医疗保健领域的方法。这些发展开始于美国，但很快推广到其他国家并且成为世界范围内医院的标准实践。一句话，一场思维的变革在医疗保健领域发生了。

关键保健路径

一些术语被用来描述新的医疗保健方式，最常用的是**关键保健**

路径；还有其他的术语比如**关键路径，整合保健路径，临床路径**和**保健路径**。一个关键保健路径涉及绘制某种医疗保健过程的典型路径图，比如，髋或膝盖的替换或者冠状动脉搭桥，包括时间和采取行动的顺序，以及为达到预期效果而采取的必要干涉措施。它预测在每一个阶段很可能发生的与典型路径不同的各种情况，并规定采取什么措施来应对这些情况。

关键保健路径帮助整合与病人打交道的许多人的工作——家庭医生、专科医生、护士、放射专家，等等。不像临床指导或者治疗方案，关键保健路径是数据驱动和动态的。如果时间和费用参数持续超过标准，人们将分析其原因，并采取措施改进保健路径。

在为特定的病人群体开发关键保健路径时，第一步是建立一个病人从诊断开始到出院的整个过程路径图。多科专业队伍将做这项工作。卫生保健专业人士将定义该路径的范围和希望得到的结果。他们将概括出路径中各段的时间，一系列治疗步骤的顺序和活动，并努力预计出这些序列活动可能出现的各种不同情况。例如，在髋关节或膝关节置换术的病例中，人们发现患有糖尿病的病人的治疗过程有特殊性，需要在标准治疗路径上建立其他路径。

关键保健路径追求综合性，要求将病人过去、当前以及出院后病历的所有方面都考虑进来。这样关键保健路径将详细说明所有的诊疗措施，包括临床评估、检查、治疗、用药、活动、病人以及家属须知、出院计划等。每个病人的住院时间都被预计出来，住院期间的治疗目标也被明确写出。关键保健路径如同一个记录，标示出病人状况多大程度上与通常状况相同，差异是什么，为什么产生。记录这些差别非常关键，因为正是这些差异最终促使治疗路径改善，或绘制其他路径或环道，以适应特定病人的特定需要和情况。

在20世纪90年代早期，本书的第二位作者参与了澳大利亚维多利亚一所私立医院集团关键保健路径的开发和实施。项目在当时引起了人们对改革运动的极大热情。第一次，高级专家与医生以及高级护士坐在一起研究整合的治疗方案。最初多学科团队的会议对每个人来说都很困难，有很多意外。专家经常不知道他们的同事的具体工作，他们不知道高级护士深厚的知识和洞察力。一些专家经常要求做很多检查，另一些则要求得少一点，但检查项目的数量似乎与结果没什么关系。经过一段时间，开会变得容易些了，更加开放，更加有成果，针对大规模和高费用治疗程序的保健路径被开发出来。

下一个阶段是开发一个系统来监控关键保健路径的实施以及采集数据。起始的计算机程序被开发出来，并在后来不断得到改进使之看起来更像现在的专家系统。护士负责输入数据，因此必须开发简便的记录和输入信息的方法。在最初的三个月，初始数据库建立起来了，多学科团队开会讨论这些以表格和图标形式表现的数据。

会议非常鼓舞人心。没有人曾看到过这种数据，正是这些数据转变了人们交谈的方式。从此，是数据而不是最大声的或级别最高的个人意见主导谈话。保健路径中的缺陷和多余的部分变得非常显而易见，问题很快被确定出来。效果不佳的治疗模式可以通过柱状图看出来，从而改进完善保健路径或者建立其他更多的辅助路径和循环路径以达到良好的效果。

现在，关键保健路径已不是医院医疗保健的前沿。但是它们的影响相当大（最近用 Google 搜索**关键保健路径**这个术语可以找到1 550 000项结果）。它们引领系统的治疗方法，从而带来了治疗效果的显著改善。这些改善是通过仔细的设计和不断进行的数据驱动的关键保健路径改进来实现的，其中单个变化产生的效果可能很小——小到不借助统计分析很难可靠地探测到——但积累起来则产生了相当大的影响。

那么我们能从医疗保健系统的改革中学到什么而用于教育改革呢？科恩，劳登布什和鲍尔评论说（Cohen，Raudenbush & Ball，2003）：“教育不是医疗，几乎没有什么教育干预措施能接近与医学同等程度的精确”（第 133 页）。但是，他们也写道，如果教育被再构思，教学被重新设计成一套系统，这样系统地比较不同制度、累进地提高教和学的前景确实存在。

那么，我们需要针对每个学生和教师个体需要的数据驱动系统。解决方案必须以能实际承担的费用实现大规模应用。解决方案必须同时有效力和效率。

关键学习指导路径

在过去的数年里，我们一直寻求将以上概念用于早期语文课堂教学的设计。这起源于两个相关的项目。第一个，儿童读写能力成功策略（CLSS），是墨尔本天主教教育办公室的一个学校改革项目。自 1998 年以来，一直在澳大利亚维多利亚的 300 多所天主教小学中运行。第二个，培养基础读写能力（BEL），一项由位于纽约市的问答出版商（Mondo Publishing）提议的计划，从 1999 年起在美国的学校中实施。

在这两个项目中，我们受到来自教师的挑战，他们发现自己已位于教学的前沿，想往更高层次提升。寻找更高的精确性和在日常基础上达到针对性教学的手段，促使我们去开发方便易用的能力评估工具，去编撰学生语文能力提高的路径，促使并形成“如果遇到这样的情况，就那样做”类型的专家建议，因而针对不同学生语文学习中的不同行为，采取不同的教学策略。

基于这项工作，我们相信通过适当的调整，仔细设计的专家系统和关键路径，可以在教育领域产生变革，就像在医疗保健领域产生变革一样。我们创造了一个总的术语**关键学习指导路径**（Critical Learning Instructional Paths），特指在教育领域里的这种方法，在后续的章节中我们将使用缩写 CLIP 表达这个概念。

语文教学与所费时间高度相关。在很短的时间里，学生必须学习掌握读和写。那些在第二年或第三年还没有掌握读写能力的学生将很难赶上他们的同伴。读写能力极其重要，但它只是课程的一部分。教育工作者的工作要求范围是很宽的，我们不认为这种方法对所有学校教育结果适用。CLIP，至少首先应当专注于关键的、与时间相关性高的**核心**学习上。

我们将 CLIP 看作是一种工具，将专家知识带给每一位教师，帮助他们作出具体的、日常的教学决定，由教师将之融入到连贯的课程教学中。幸运的是，关于早期读写能力我们知道得很多——足以构建一种典型的学习路径，确定出学生学习读写时遇到的重要的、有代表性的问题。（同样的方法在其他一些学习领域可能适用程度低一些。）进一步说，对学生的一定的读写行为，我们可以给出特定的、适合的教学策略。尽管所有这些专家知识都已存在，但是在日常的课堂教学场景中，教师手中并没有这些资料。我们在早期读写领域开发 CLIP 的原因，就是要使学校和教师能够接触到有效的知识，并给他们提供有效力的工具，从而最大程度地以专家的方式实施教学。第五章我们将提供例子，来展示在儿童早期读写教学中，CLIP 方法是什么样的。

第五章

构建一个关键学习指导路径

要想实现课堂教学思想上的突破，开始设计新思想在实际中的具体形象是很重要的。本章就试图做这个工作。在寻求转变课堂教学的早期阶段，将新想法形象化的尝试难免是粗糙的，且在一些主要方面会缺少必要的蓝图和前瞻。但我们的目的不是提供一个详细的蓝图，而是一个大致的画面。我们预计在未来的几年，随着团队着力于真正的蓝图，关键学习指导路径的概念将有许多不同的表现形式，而时间会告诉我们哪一个最有前景。

抽象地谈论自有其局限性，因此，我们要借助课堂教学的某一特定的方面并以此为背景进行讨论。我们决定描绘一个 CLIP 实例，以 4.5—8 岁孩子（幼儿园到三年级）的早期读写能力训练为例。语文是课程中的一个关键领域，它涉及核心学习，并且学习效果与时间高度相关；它也是我们以及教育研究群体了解最多的教学领域；它还是这样一个领域，尽管我们在近些年付出了大量的努力，但仍有大量的学生不断遇到问题，并且这些问题的影响将追随他们一生。

随后，我们将讨论 CLIP 在其他课程和其他年级的应用。我们要一步步地来做这些。当我们关注某个课程领域时，我们知道其他领域就会有抱怨。但是，有时按照事情的优先顺序有区别地关注是很重要的。我们希望其他学科的老师，比如高中历史老师，能同意我们的这一观点。如果我们能够培养所有学生在早期达到高水平的读写能力，他们的工作将会变得很容易。当然，长期来说，我们希望教师愿意在高中历史和其他课程领域探索及应用我们的方法。但是现在，我们将目光集中在早期读写上。

我们首先从在我们选择的课程领域构建一个 CLIP 开始。其次考虑教师怎样才能每天测量和监控学生的日常学习进展，怎样将评价数据转变成信息，教师可以应用这些信息计划指导，开展有针对性的、精确的教学。再次，我们将阐述对特殊群体学生采取必要的其他补救办法的问题。随后是简短的讨论，关于如何锁定持续的改进，系统地证明其效果，扩展知识基础以及提高专家建议的质量。最后，我们将谈及在设计和测试具有上述特征的教学系统过程中涉及的问题。

绘制教学路径图

教育工作者都能熟悉地采用教学大纲、教育目标、教学范围和顺序图以及分数标准作为表达课程教学的成果。传统的描绘课程成果的方法与我们即将构建的 CLIP 有多大的差别？简单讲差别不大，但仍有一些关键性的区别。我们设想的表达 CLIP 效果的概念，与现有的教学内容和成绩标准的最好的例子里的概念非常类似，甚至一样。

我们的 CLIP 必须能够指导和监控日常的教和学，因此它需要非常具体。如果不具体，我们无法达到精确。传统的课程教学经常关注**整个教学旅程**的最后结果，而教学路径则是关于平均水平的学习者达到最后结果的路径，它包括大量的学习者因为这样或那样的原因在某些点上可能通过其他路径，如绕远路或者环路的情况。

在这个教学旅程中，不同的人从不同的起点出发，一些人需要偏离主路——该比喻对理解 CLIP 非常有帮助。借助这个比喻，我们考虑描绘出培养儿童读写能力路径的任务。第一步是要描绘地形，即示明学生们开始学习读写旅程时的起点。

这不是一件小事。在近些年，有一种倾向是减少或限制读写课程，注重技能发展，而忽视更广泛的学习文化必备的认知能力，包括（技能已包括在内）知识的获得（内容）、概念的理解以及支持读写的情感（比如，热爱阅读）。因此，我们看到虽然我们对学生进行了各种阅读训练，比如培养语音意识（phonic awareness），提高学生解读课文的能力，但是，无须诧异，在流利阅读和理解程度上几乎没什么进展。我们还担心的一点是现在缺乏实在的评估学生口语发展的尝试，口语发展与读写能力发展总体来说是相关联的，特别是口语发展与阅读理解之间是相关联的。

同样的情况在数学当中也很普遍，很多传统教材过分强调技巧，而忽视概念的理解以及数学理解在现实生活当中的应用。幸运的是，这种倾向在近年已得到遏制，数学课程和教材力求避免简略化方法，更加强调概念的理解。

任何一个 CLIP 必须开始于综合性地描绘总的“地形”（学习概况），标示出学习者在整个学习旅途中经历的显著特征。接着是确定出学习旅途的关键阶段。我们仍以早期读写教学为例，我们与学校合作列出了儿童阅读学习典型途径的六个发展阶段。虽然我们把这些阶段按发展顺序展开，但这些阶段的前后顺序并不一定是一成不变的。学生跨越几个发展阶段的阅读行为并非罕见，这取决于他们阅读的课文。

1. 出现前期（Pre-Emergent）

在这个阶段，学生还没开始读印刷的课文。他们能读出自己的名字也许还能读一两个其他经常看到的词。学生在该阶段只有有限的口语和印刷文字知识。这经常被称为角色演习的发展阶段。

2. 出现早期（Early Emergent）

学生开始应用他们关于印刷文字的知识。他们开始应用他们早期的关于印刷文字的惯例和概念来阅读简单的课文。他们有少量的字母知识，认识一些常见的字。他们依靠记忆和图片提示，能够读一些已知的课文，但他们流利阅读的能力是有限的，他们主要依靠逐字对应和用手指指认来阅读。

3. 出现期（Emergent）

在这个阶段，学生能够重新构建熟悉的课文，并且作出反应以及讨论课文。他们能将书面文字与口语一致地联系起来。他们关于文字/声音的知识已发展到开始推测不认识的词，尝试阅读简单课文。处于出现期阶段的学生，其高频率词和视觉词的储备在增长。

4. 开始期（Beginning）

开始期阶段的学生知道一篇课文表示以连贯的方式讲述一个故事或者相关的信息。他们开始使用各种策略解码和理解课文，并且能够根据不同的课文类型来调整他们的阅读。他们关于文字/声音的知识更加巩固。流利阅读是这个阶段的重点。

5. 过渡期（Transitional）

在这个阶段，学生开始统合课文中的所有提示源来理解课文的意思。他们具备了将他们已有的知识和新知识连接起来的能力。他们能独立地联系课文进行有意义地预测和自我纠正。过渡期的读者按片语意思以流利的方式阅读短语，使用语调和语言结构来支持信息的构建。

6. 确立期（Established）

确立期的读者能理解课文所叙述的人物、事件、情境和彼此之间的关系。他们与人物建立起个人的联系，评价情境，并且根据他们的经验作出评判。这个阶段的学生为了研究和娱乐的目的而阅读各种非小说类材料。确立期的读者能够进行并且需要较长时间的阅读；他们能默读，并且调整自己的阅读方式来思考课文和适应阅读的目的。他们能很快很流利地解码不认识的词。

上面所叙述的并不是什么新东西。现在有许多类似的关于阅读过程的描述。在实际中，对这些阶段的描述可能进一步细化和用图示表示出来，从而更好地描绘出典型学习者在最初的三四年中进步方式的特点。

将学习旅途划分成六个阶段后，下一步是确定中期目标或成果陈述，以及更具体的短期**进步指标**。成果陈述提供教学的中期目标——比如，一个典型的学生将在学期末取得怎样的进展。这样的陈述在现代课程中很普遍，典型地用在表达年级成绩标准上。

进步指标在多数课程或教学项目中比较少见。这些指标可以帮助教师跟踪学习者在从阅读的新手发展到部分理解或者掌握阅读能力的过程中前进的脚步。在 CLIP 中，进步指标为监控每个学生在某一发展阶段所取得的进步提供基础。它们为教师日常教学提供有关教学效果和教学重点的反馈。它们还形成为学生提供反馈的基础，使他们能够自我监控学习，评估自己的成绩，知道成绩是怎么提高的。

根据我们的经验，开发一套综合性的进步指标是构建 CLIP 最关键的步骤。这些指标应该是什么样的？在一些领域，它们很像严格细致的行为指标，它们具有时间顺序。比如，衡量字母和语音知识进步时用的指标。在另外一些领域里，指标将无法用“有”或“无”某种行为来表达，它要求使用综合标准来对质量作出总的判断，在这种情况下，行为之间没有逻辑性的前后顺序。例如，在衡量对课文的释义理解时用的进步指标就属于这种情况。

下面是一个使用指标的小例子，与前文描述的六级阅读中的第四级即开始阶段相关。

- 在适当的时候使用图片线索来确认或帮助预测。
- 使用课文结构比如重复的语言形式、韵律和故事结构来帮助预测。
- 显示对叙述结构的理解，即故事有开始、中间和结尾。
- 注意文章的片语和语句而不是单个的词。
- 懂得视觉化（脑中的想象）对理解课文的重要性。

- 重读以确认含意。
- 当寻找线索以确认预测时跳读。

再一次申明，这些只是对指标的简略描述，每个指标都可以作出进一步详细的描述和说明。每个指标都需要进一步细化，以更精确地描述开始期的读者可能出现的行为和表现。指标不一定要限制在认知行为上，也可能包括其他范畴的指标。

总结起来，要涵盖的学习情况描述、学习阅读过程各个阶段的描述、成果陈述和每个阶段更加详细的指标合在一起提供了综合性的学习路径图，学生将会在学习阅读时沿着此路径前进。路径图还可以附上例子示范，包括录像片段和学生学习的例子。我们必须重新强调这不是什么新东西，没必要从零开始，但我们需要做很多工作，把已有的东西准备好并放在应在的位置上待用。我们需要在核心要素中建立动态的链接。

测量和监控学习

上面已经描绘出学生从早期几年的学习到具备读写能力的CLIP，下一步的任务是设计一个系统，比照主要阶段及其指标来测量和监控学生的进步。针对性教学要求教师有精确性，并且在学生学习的整个过程中不断地更新关于学生起点和进步的信息。即使在当前现存的最好的教学项目中，这种情况也只是部分得到实现。

测量和监控学习的第一步是具体列出待评价的贯穿整个CLIP的主要教学成果。下一步，必须建立一个综合性的学前测验和学后测验的测验计划，参考成果陈述中所表达的学生学习过程的主要阶段特征，来测量学生在每学年开始和结束时的情况。测试结果成为每个学生进步的学习档案。最后，必须注意参考指标来设计监控学生每天进步程度的程序。这些都是课堂教学的一部分。它们合起来组成一套图 5.1 所显示的嵌套式学习活动的循环。

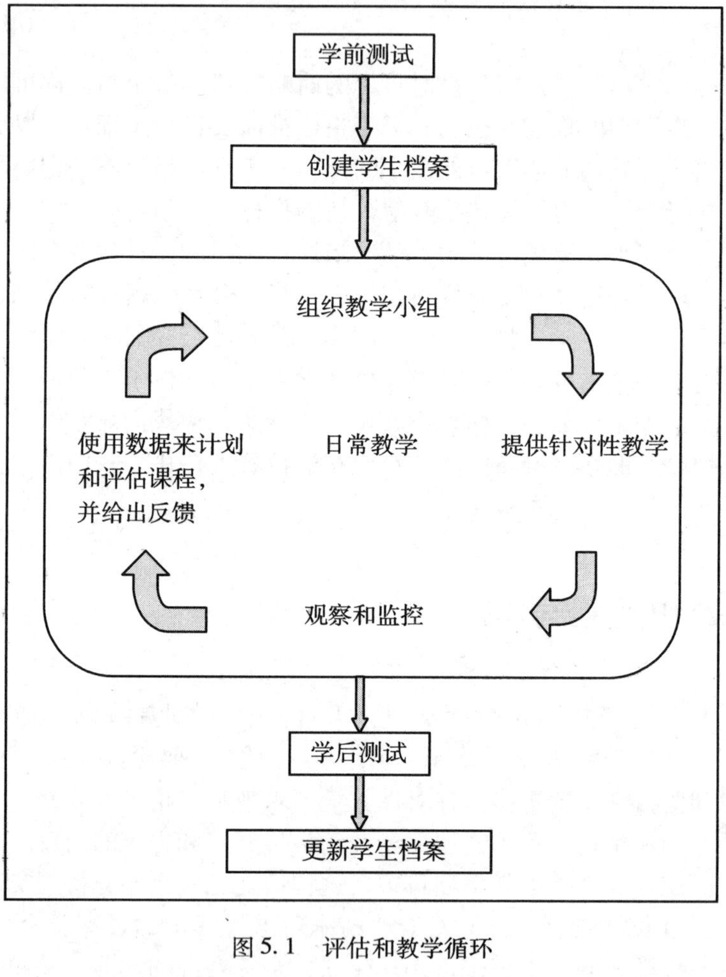

图 5.1 评估和教学循环

需要深思的非常重要的一点是，尽管图 5.1 从理论研究的角度来看没什么非凡之处，但在每天的实践中它则是外来物。传统上，很少有甚至没有时间来测验每个学生的起点情况，并为每个学生建立起学习档案。这是因为教学是根据课程而不是根据学习者的情况而展开的。一个包括测试或者区分每个教室所有学生起始情况的系统评估过程，是建立学生起点情况用于教学的基本手段。

学生在进入提前设计好的、组织好的、没考虑学生具体情况的、只是按照年级划分的教学项目之前，很少有教师花时间去搞清楚学生都具备什么知识。当一名二年级或者六年级教师是一回事，当这个二年级或六年级班学生的教师则是另一回事。如果想要学生取得显著的学习成果，教学必须是集中于满足教室中个体学生的学习需要，而不仅仅是从遵循文选、核心阅读项目或者指定的教科书出发。

让我们从第一个发展任务开始，列出在学年初和学年末要系统评价的主要成果，目标是获得一个有关每个学生所有重要发展维度的尽可能完整的情况画面。图 5.2 显示的是一个从学前班到三年级阅读学习过程中所包括的八个主要成果指标的评价范围（为了示意，我们省略了对写作能力成果的描述）。

结　果	学前班	一年级	二年级	三年级
1. 口头语言发展	全体	全体	有问题	有问题
2. 基准课本层次/理解能力	全体	全体	全体	全体
3. 流利程度	全体	全体	全体	全体
4. 对于印刷文字的概念	全体	全体	有问题	有问题
5. 语音意识	全体	全体	有问题	有问题
6. 字母识别	全体	全体	有问题	有问题
7. 看字读音	全体	全体	全体	有问题
8. 单字知识	全体	全体	有问题	有问题
9. 词汇	全体	全体	全体	全体

图 5.2　学前班到三年级学生阅读评价范围示例

这是一张综合评价范围图，有些教学结果在早期时需要评价而后来却不需要。例如，可以预计没有必要评价一些早期的阅读行为

（比如对三年级学生来说字母发音、印刷概念和对音素的认识等，尽管对那些在这些方面有困难的学生仍需要）。

作为一个在学年末评价学生的计划，图 5. 2 表现的评价范围除了综合性之外并没有什么非凡之处。许多学校收集这样的信息，用它来准备学生的成绩汇报卡。几乎没有学校将这样的评价范围应用于测验学生的起始情况，而且基于我们的经验，我们知道要劝说学校这么做有多难。即使教师们意识到建立学生起点表的必要性，他们仍然能想出很多理由说明为什么做这项工作太难。他们认为：

- 没时间获得对 25—30 个学生的详细评价，特别是当这涉及一对一的评估时；
- 没有适合的评估工具；
- 不知道怎样应用所收集到的数据。

这些考虑都是合理的，但却不是不去做的理由。有效的评价能提供有关学生教学需求的信息，并为需要直接干预的学生提供第一警报。一旦这些需求建立起来，教师可以更加容易地将学生分组，按照合适的目标层次来提供针对性教学。针对性教学意味着保证学生在他们最近发展区域内进行学习活动，使他们的能力和要接受的挑战相适应。专家型教师的重要特点是在日常教学中对所有学生不断地实行针对性教学模式。在学年结束时，这些教师使用相同评价工具所得到的信息，能正确地衡量学生在这一年里的长进。

要使这项任务可行，第一需要有一套快速的、易实施的评估工具。在最近的几年，得益于政策制定者们对早期阅读的关注不断提升，更多学校可使用的评估工具被广泛地开发出来，引人注目的有 DIBELS（Good & Kaminski，2002）。这些工具可被教师们直接且容易地使用。但是我们再一次郑重告知大家，现在已有的工作没有能够综合地评价学生阅读能力发展的所有方面。下面两个例子源自克瑞沃拉和威尼斯（Crévola & Vineis，2004b）。

图 5.3 显示了一个用于学前班到三年级学生口语发展评估工具的片段。这个工具提供了一种评估学生听和理解某些复杂口语结构的手段。因此，这是衡量一种语言接纳能力的方法。它包括了一系列结构复杂性不断提高的句子。当学生重复这些句子时，教师记录任何的代替、遗漏、调换或者对于难句说出的扩展性词汇或片语，就像给阅读录音一样。如果学生在一句话的每个细节上都能丝毫不差地重复就可以得到一分。学生总共会遇到 5 种句子类型共 15 句话。学生能很容易地在 5 分钟之内完成整个评估过程。

第二套

类型

1	那辆停在庭院中的车过去是我爸爸的。	
2	骑在马上的男孩手里正拿着缰绳。	
3	在假期里妈妈给我买了几双运动鞋。	
4	这些是开大飞机的驾驶员。	
5	这个女孩在山顶上堆了一个雪人。	
	总分	

图 5.3　口头语言能力评估片断

第二个例子是一个阅读记录，用来确定学生的教学课文层次和衡量学生的理解力及诵读的流利程度。图 5.4 显示了评价一个学生在 E 级（从 A 到 R 序列中的一级）[①] 的一段记录。教师选择一个自己认为难易程度适中的、学生从未读过的课文[②]，告诉学生课文的全名，给出课文的概要，并且提供阅读背景知识。然后教师给学生读书名页，并要求他们独立地大声诵读课文，教师记录，标明学

① 分级课文为许多教师所熟悉，可以是 Fountas 和 Pinnel（1996）的 A 到 R 级，以研究实验为基础的分级技术比如由 MetaMetrics 公司（Stenner，1996）开发的 Lexiles 框架，或是阅读能力复原（Reading Recovery）1—26 级。

② 指以前未用于小组教学的课文。

生的诵读行为和错误。当阅读结束时，教师使用右上角的指示确定学生是否在诵读适合其教学层次的材料（见 Crévola & Vineis, 2004a，以获取详细信息）。

上面的例子表明，在每个学年初系统地测试学生的起点，不是繁重的事情；它能给教师提供大量关于每个学生强项和弱项的信息和洞察力。从学年初始和结束进行的测验中所收集到的数据可以用来创建学生测试图，这个我们将在本书后面进一步讲解。现在，既然我们关注的是测量和监控进步，我们将参考指标，设计用来日常监控学生进步的程序。

阅读能力记录

等级：E 种植一个花园 学生______教师______ 日期________		指导下的	容易
	%	90%—94%	95%—100%
	错误：	18—11	9—0

页码	诵读字数：182 错误：☐ 流利程度总分：☐	流利字数
2.	花园怎样才能长出来？	4
	花园需要人种植。	9
3.	一些花园看起来很整洁，而另一些看起来则很杂乱。	17
4.	种植一个花园时你需要做什么呢？	27
	所有植物都是从种子生长出来的。	32
5.	你需要一些种子吗？	39
	你可以从哪里得到种子？	46
	你可以从商店买到种子。	54
	你也可以从植物身上得到种子！	61

图 5.4 阅读能力记录片断

一开始，这是一件很耗时的事，因为如果教师没有意识到学生当前的阅读层次，情况就会很麻烦。教师需要一次次的测试，直到能准确地确定阅读层次。在随后的评价中，教师将能更精确地选择适合学生阅读的材料。对教学前班至三年级阅读的教师来说，这并非一个新的过程。使用连续的阅读材料记录学生阅读情况的做法现在在澳大利亚、加拿大和美国很普遍。这样的工具需要整合到一套统一的评估体系中去。

通过记录学生在一分钟后读到的最后一个词和所犯错字数，教师可以计算出学生每分钟的阅读量（WPM），即总数减去错字，并据此得到诵读流利程度的测量值。最后，通过使用提问和简单的打分规定，教师能够评估学生的回忆信息和综合理解课文的能力。同时使用故事类文章和非故事类文章作为评估过程的一部分是非常重要的，这可以培养学生的批判和分析阅读能力。用这种方法，一个评估学生阅读的活动可以生成与评估范围所确定的三项成果相关的、系统的学生成绩信息。选择相互关联的评估工具，为后续教学提供完整的起点图，是非常重要的。

回忆前文讲过的可得出，指标使日常计划和监控教学成为可能。换句话说，它们处在图 5.1 表达的日常教学循环的中心位置。教师通常选择一两个指标作为一堂课的重点。无例外地，教师将选择某些指标作为整体班级的教学重点，同时选择一些与一个班里不同组别的学生有关的指标。在小组指导时，教师直接观察和记录单个学生的表现。教学计划和监控学生进步是通过使用一个针对表（Focus Sheet）辅助实现的，图 5.5 是根据克瑞沃拉和威尼斯（Crévola & Vineis，2004b）的研究改编而来的一个例子。

可以看到，对每个教学组的每个学生，教师可以用打勾或者划叉的方式，注明在小组活动期间某个学生是否表现出指标所描述的行为。这个程序既快捷又可操作。它将教学计划、学生进步记录和教学评估整合成一个无缝的过程。并不是每个学生在每个活动期间都被评估。评估的次数取决于每堂课教学组的数量和在该活动期间教师参加每个小组的次数。但是，在一个星期中，每个学生的进步应被记录至少两次，学习有困难的学生应被记录得更频繁些。因为通过每天对每个学生在每个指标下打勾或者划叉的方式进行评价，而且每个指标将在不止一堂课上被涉及，教师可以跟踪了解谁能一贯地表现出观察到的行为，谁不能。这样，教学所需要的数据就在手上。现在，教师倾向于将备课和学生评估分开来。针对表则是将这两者统合起来的工具，提供同步的数据来指导日常教学。它可以取代备好的教案。

<table>
<tr><td colspan="11">针对表：幼儿园至三年级阅读</td></tr>
<tr><td colspan="5">班级：</td><td colspan="6">日期：</td></tr>
<tr><td>整个班级</td><td colspan="10">标题：
重点：
1.
2.
3.
对未来教学的建议：</td></tr>
<tr><td rowspan="4">分小组</td><td colspan="2">第一组
教学策略：
☐口头语言
☐语言经历
☐助读
☐分享阅读
☐指导阅读
☐互教</td><td>材料：

标题：

课文等级：</td><td>学生</td><td></td><td></td><td></td><td></td><td></td><td></td></tr>
<tr><td rowspan="2">重点：</td><td colspan="3">1.</td><td></td><td></td><td></td><td></td><td></td><td></td></tr>
<tr><td colspan="3">2.</td><td></td><td></td><td></td><td></td><td></td><td></td></tr>
<tr><td colspan="10">对未来教学的建议：</td></tr>
</table>

<table>
<tr><td rowspan="4">分
小
组</td><td colspan="2">第二组
教学策略：
□口头语言
□语言经历
□助读
□分享阅读
□指导阅读
□互教</td><td>材料：

标题：

课文等级：</td><td>学
生</td><td></td><td></td><td></td><td></td><td></td><td></td></tr>
<tr><td rowspan="2">重点：</td><td colspan="3">1.</td><td></td><td></td><td></td><td></td><td></td><td></td></tr>
<tr><td colspan="3">2.</td><td></td><td></td><td></td><td></td><td></td><td></td></tr>
<tr><td colspan="10">对未来教学的建议：</td></tr>
<tr><td>整个
班级</td><td colspan="10">共享重点：
对未来教学的建议：</td></tr>
</table>

图 5.5　针对表：幼儿园至三年级阅读

使用数据推动教学

在论述了测量和监控学生进步的问题之后，下一个问题是针对每个学生的学习需求，用数据使教学精确化。如果不能对教和学产生影响，评价是没有价值的。今天，很多教师对手中掌握的大量的学生评估数据望而生畏。除了不太消耗时间即可获得学生能力评估数据的方法外，他们还需要一种能自动分析数据并将信息转化成有力推动教学决定的方法——不是在未来，而是在明天。我们先不讨论这些过程的自动化，我们先集中讨论使用数据的问题。

第一步是通过建立学生学习档案来获得学生起点的总结。这能够使教师总结所有学前测验中得到的评价数据，来确定每个学生的强项和弱项，决定每个学生处于哪个发展阶段。一旦做完这些工作，教师就可以有效地将学生分组，在大课和小组学习的场景中因材施教。图 5.6 显示的是一个学生学习测试的例子（改编自 Crévola & Vineis，2004b）。

学生：覃娅　　班级：1C　　日期：9 月 24 日			
结果	**范围**	**分数**	**阶段**
1. 口头语言发展	0—15	12	开始期
2. 基准课本层次/理解能力	A—Z	E	开始期
3. 流利程度	0—110	30/E	出现期/开始期
4. 对于印刷文字的概念	0—18	18	出现期/开始期
5. 语音意识	0—52	42	出现期/开始期
6. 字母识别	0—54	52	出现期/开始期
7. 看字读音	0—60	36	出现期
8. 单词知识	0—20	16	开始期
9. 词汇	100	20	出现期

阅读阶段：

出现前期□　出现早期□　出现期□　开始期□
过渡期□　确立期□

评价和建议：

覃娅在语言口头语言概念方面很强，处于阅读准确性和理解力的开始阶段。她在词汇和音素知识方面比较弱。如果在技巧训练的单元和课堂学习任务中给予音素技巧的额外关注，她将会获益。为了以一定的速度和准确性来阅读更高难度的课文，她需要努力扩展高频率词汇库。

图 5.6　学生学习档案的例子

接下来的工作在开始时也许会感觉很复杂，但是我们的经验表明，如果教师在过程当中得到详细的帮助，并给予他们足够的时间提问和讨论他们的理解，这个过程很快就成为其第二本能。它能给教师提供典型的信息和方向，使得个人化教学的任务不那么令人生畏。

正如在图 5.6 所示，覃娅刚上一年级。她的基准课文层次分数指示她在阅读方面处于开始阶段。不过，她在阅读简单的课文时不够流利。指标显示她在词汇和音素技巧上显得落后。这位教师很有可能还有其他学生与覃娅在同一阶段，而另一些学生在更高一些的层面上。在使用每个学生的数据来推动教学的同时，教师将使用一种教学策略矩阵图将评价分数、阶段和适当的教学策略结合起来。

图 5.7① 显示的就是这种矩阵图的一个例子。教学策略矩阵表是将课程目的、评估信息和针对所有学生的课堂教学策略统合起来的钥匙。

总体来说，开始阶段覃娅在一些领域有弱点。在小组教学活动中，覃娅的教师很可能尽量使用口头语言、语言经历、助读、分享阅读和指导阅读等教学策略来帮助覃娅进步。但是，在备课时，教师还需要包括出现期阶段关于词汇和音素发展的指标，特别是字母音的对应音和复合音。

能够直接将学生在一套评估中的成绩、其发展阶段以及与那个阶段相关的特别的教学策略联系起来，是 CLIP 研发工作的重要一环。这部分工作使得诊断学生的长处和短处以及制订教学计划明晰化，并易于不断地提高和改进。当然，使用 CLIP 意味着假定教师对不同的教学策略拥有共同的语言和共同的理解。这种情况直到最近才在很多学校系统中存在。现在，多数低年级教师能够说出他们使用的策略的名称，很多人可能只使用其中几种（特别是“指导阅读”），有充实的专业文献提供连贯的、详细的报告，详述大约 6

① 克瑞沃拉 1998 年与澳大利亚维多利亚的学校和教师合作进行儿童读写成功策略和构建基本读写能力项目。在此期间，她第一个提出了策略矩阵图和针对表的概念。之后，克瑞沃拉和威尼斯（2004b）开发了一个主要评价阅读阶段表，与本文的矩阵图相似，成为问答出版公司纽约书店阅读项目的一部分。

种与教授儿童阅读相关的主要策略（Crévola & Hill，2000；Crévola & Vineis，2004a）。

评估＼阶段	出现前期	出现早期	出现期	开始期	过渡期	确立期
口头语言	0—4	5—7	8—12	13—15		
基准课文层次	无	A—B	B—D	D—G	G—K	K—S
流利程度	不适用	每分钟 20字 B级课文	每分钟 30字 D级课文	每分钟 40字 G级课文	每分钟 40字 I级课文	每分钟 90/110字 M/N级 课文
对印刷文字的概念	0—6	7—14	15—18			
语音意识	1—15	16—35	36—52			
字母识别	n—nn	nn—nn	nn—nn			
看字读音	n—nn	nn—nn	nn—nn	nn—nn	nn—nn	nn—nn
单词知识	0—5	6—10	11—15	16—20		
词汇	n—nn	nn—nn	nn—nn	nn—nn	nn—nn	nn—nn
小组教学策略	·助读 ·口头语言 ·语言经历 ·分享阅读	·助读 ·口头语言 ·语言经历 ·分享阅读 ·指导阅读	·口头语言 ·语言经历 ·分享阅读 ·指导阅读	·口头语言 ·指导阅读	·指导阅读	·指导阅读 ·互教

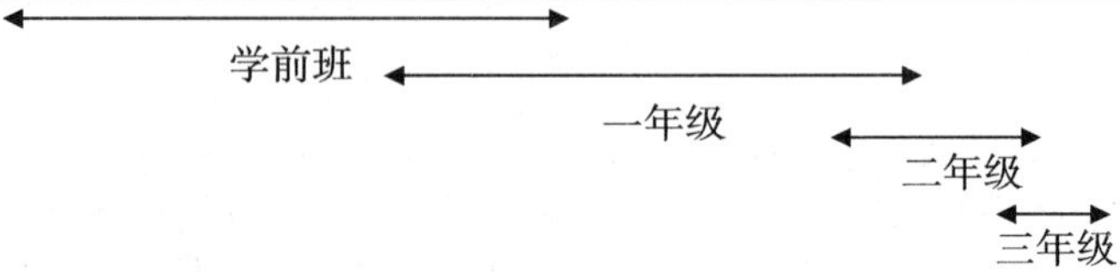

图5.7 教学策略矩阵图的例子

在训练教师实施一个 CLIP 时，需要对培训教师理解和发展其使用一系列有效教学策略的能力给予足够的重视。我们的经验是在使用图 5.7 的矩阵图后，那些原来很努力却很费劲说明学生状况的教师，表述学生进步的能力迅速提高。改进矩阵图以适应特定学校和区域内教师的评估非常重要。在这里提供的只是在过去十年里我们与某些区域或学校合作当中的一个例子。一旦完成这些工作，教师能够毫不迟疑地使用矩阵图将学生分成小组来教学。我们看到从评估到利用评估指导教学的过程缩短到六个星期；在一个星期中，教师们已经对他们的学生有了足够的了解，开始有效的分组教学，其结果比单纯使用课本或者音素方法更有效。

学生学习档案和教学策略矩阵图是辅助教师分组和实施针对性教学的工具。但是，CLIP 的目的是确保针对性教学每一天持续地发生。实现这一点的工具就是我们先前描述的针对表。当教师选择与个体学生情况相适应的指标，并且据此备课时，他们也是在日常基础上监控学生的进步，因为他们将学生分成小组，很容易观察学生的表现。让我们看看覃娅在一年级第二周开始时的针对表是什么样的（图 5.8）。

在这个例子里，课堂活动包括 1 小时阅读和 30 分钟技巧训练，复习和获得必要的语音意识以及音素和词汇技巧来支持阅读和写作。教师将开始的 15 分钟大课用于分享阅读上。教师通过选择课文做分享阅读来展示其希望在这一堂课上强化或引进的指标（教学重点）。通过选择有三个重点的方法来做分享阅读，教师可以照顾到课堂中不同层次的学生。每个重点都是一个调整教学来照顾特殊组别学生的机会，而不是像一般大课普遍实行按照学生的平均水平教学。当教师有了所有学生的学前测试信息以及每个个体学生的学习档案后，他们在大课教学时就能够采取更加有针对性的教学决定（具体内容请参见 Grévola & Vineis，2004a）。

<table>
<tr><td colspan="10">针对表：学前班至三年级阅读</td></tr>
<tr><td colspan="10">班级：1C 日期：9/28</td></tr>
<tr><td>整班教学</td><td colspan="9">标题：成长中的蘑菇
教学重点：
1. 学生按照个人经历作出反应
2. 利用图画帮助学生认识不熟悉的字
3. 能够进行以短语为单位的流利阅读</td></tr>
<tr><td rowspan="4">分组教学</td><td>第一组
教学策略：
□口头语言
□语言经历
□分享阅读
□指导下阅读
□互教</td><td>题目：种植一个花园
课文级别：E</td><td>学生</td><td>覃娅A</td><td>戴维C</td><td>卡洛斯E</td><td>萨姆G</td><td>玛西娅H</td><td>成K</td></tr>
<tr><td rowspan="2">重点：</td><td colspan="2">1. 学生按照个人经历、信仰和对世界的理解对作者传递的信息作出反应</td><td>√</td><td>√</td><td>√</td><td>×</td><td>√</td><td>√</td></tr>
<tr><td colspan="2">2. 能够使用多样的策略，比如开始的、中间的和最后的字母，拼写模式，字的结尾等来解决不认识的字</td><td>×</td><td>×</td><td>√</td><td>√</td><td>√</td><td>×</td></tr>
<tr><td colspan="9">对未来教学的建议：
覃娅、戴维和成都需要在字的水平上使用多样的策略以进行更多的训练。萨姆继续待在这个组将会获益。在学习中心里提供额外的机会让学生在词汇和解读字的技能方面进行更多的锻炼。选择另外一个非小说类的课文在小组里读给他们听。</td></tr>
<tr><td>大课教学</td><td colspan="9">共享重点：
说出你今天学到了什么有助于你更好地阅读？

对未来教学的建议：
需要确保给需要练习口头表达学了什么的学生安排一个共同重点。</td></tr>
</table>

图 5.8 针对表的例子

在这个例子中，15 分钟的大课教学之后是 40 分钟的独立活动和小组活动。在这期间，教师参与两个教学小组的活动，在每个组待 20 分钟。覃娅与其他同样是开始阶段阅读者的 5 名学生组成一组。在这个特别的活动中，教师选择了两个相关的指标作为教学重点。教师使用针对表来计划教学，包括选择教学重点和分配到每个组的学生。紧接着，教师根据课程目标评价每个学生的进步情况，并且写下课堂评价以供未来教学和分组使用。

针对表应在一堂课结束时马上填写。教师没有必要做长期的计划。教师在教学之前的数天、数个星期甚至数月选择图书就可以了。这种方式中，虽然定下了中期教学目标，但是详细的课堂计划只有在教学之后才成为可能。这意味着在教学之间和不了解学生进步和学习需要的情况下就不能确定课堂教学内容，校长和学区的领导不能要求教师列每月或每季度的计划。

课堂组织

从以上的例子可以很清楚地看到，在早期读写教学中，实施 CLIP 在很大程度上依赖于课堂上有效地使用小组教学和一系列有力的教学策略来提供针对性教学。灵活而不断地变化教学小组允许教师根据个体学生的需要教学，比与单个学生讨论有效得多。

在早期读写教学中，与单个学生讨论是高度有效的教学策略，但它缺乏小组教学的效率。通过教授由 6—8 名学生组成的小组而不是使用与单个学生讨论，教师能够保证所有学生更多次接受到针对他们需要而开展的教学。还有一点不能忘记，那就是缩小成绩差距以及为所有学生提供均等机会与在所有学生身上花相同的时间是不同的。一些学生需要更多的时间和更多的支持。教师通过对有困难的学生提供短时而有针对性的小组教学，的确能提高学生的成功机会。

大量的证据表明，使用小组教学，使学生在学习上取得实质性进步成为可能。比如，一个对103个独立研究的元分析（Abrami & colleagues，2000）发现，较之大课教学，小组教学的效应值为+0.17标准差；当处于下列情况时，效应值大幅提高：

- 使用当地的测验而非标准化的测验来衡量成绩；
- 教师接受过小组教学的特别训练；
- 分组是根据能力开展，同时也考虑其他因素；
- 使用合作学习的方法；
- 小学低年级学生。

当这些条件到位时，可以观察到平均效应值为+1.17（高能力）、+1.01（中等能力）和+0.96（低能力）。这种影响是不寻常的，为战胜任何困难在课堂中实施小组教学的努力提供了强有力的证据支持。

在过去的十年里，本书的作者们曾与澳大利亚和美国的数百所学校合作，引入小组教学作为综合设计方法的一部分来进行早期读写教学。这个经历让我们确信，要有针对性地、精确地满足所有学生的学习需要，小组教学是设计课堂读写教学中一个不可或缺的元素。而且这也强调了课堂日常管理秩序和教学活动的设计对于确保小组教学不被课堂上其他学生打扰的重要性。正如前面提到的，当教师们致力于小组教学时，他们需要鼓励和帮助去使用任务管理板、时钟、图书篮、课桌用具分类和过渡活动来保证学生有效学习。在一个开发成熟的CLIP中，我们设想应包括一本教师手册，涉及与实施CLIP相关的课堂管理和组织的所有方面。克瑞沃拉和威尼斯（Crévola & Vineis，2004a）为成功实施开始阶段的CLIP提供了一些总的指导。卡罗琳·汤姆林森（Caroline Tomlinson，1998）的研究成果，长期以来都被教师和学校作为实施因材施教项目的主要参考，也与CLIP高度相关。汤姆林森曾就建立分组项目的实践及相关课堂管理问题的方方面面提供了指导。

关键学习教学路径中的环路和弯路

在构建一个 CLIP 中，重点是面向一般学习者的学习路径。尽管学习者也许有不同的起点和进度，但总的来说，大多数学生走同样的路径学习读写。然而有一些学生如果拘泥于主要路径的话却无法取得进步。对于这些学生，需要环路和弯路来满足他们的特殊需求，帮助他们尽快进入学习轨道。令人遗憾的是，虽然很多做法看似力求应对个体的差别，但实际上或者创造新的不平等，或者使不平等延续下去，而不是帮助学生赶上来。

关于弯路没有硬性的规定。我们能够确定的是，那些根据平均水平学生的表现来制订学习进度清单的教师，总会发现一些学生在某些领域遇到很大困难，但在另一些领域则没什么问题。以下是马里·克莱（Marie Clay，1998）对上述情况的建议：

> 力求找出孩子们不会什么的教师（很多测试都是为此而进行的）找错了最初的教与学的接合点。他们需要找的是孩子们以前学过什么，能做什么，并花较少的时间帮助孩子们巩固他们已经掌握的知识。（第 3 页）

教师往往会担心那些教育不了的学生，这一点是可以理解的。在现阶段我们不知道到底是什么因素阻止了很多孩子的进步。阅读学习领域充满了神奇的良方，但关于它们的有效性，经常缺乏证据或者证明不成立。在未得到证明的解决方案里，克莱（1998）的建议很有力，即我们应当在学生知道什么的基础上确立怎么教。换句话说，当我们不知道他们进步的路径时，重要的不是去建设环路和弯路，而是**跟随**和**支持**那些走了环路和弯路的学生，帮助他们尽快地回到主路上来。

超越早期读写

为了使CLIP的概念尽可能地具体，我们以4.5—8岁儿童（学前班至三年级）的早期读写为例对它进行了介绍。实际上，我们的重点一直都很窄，仅局限于阅读上。现在到了将我们提议的方法应用到其他课程领域和年级的时候了。

我们毫不怀疑CLIP能够应用到更广泛的课程领域和所有年级，我们希望情况是这样。然而我们警告，CLIP方法与一些课程领域极大相关，在这些领域中学生掌握一定的基础知识是至关重要的，比如数学和科学。我们很坦率地怀疑CLIP与音乐和美术课程的相关性，我们不能确定CLIP在一些内容丰富的学科中，比如高中历史中，怎样应用。

但是，中学数学将是一个很好的课程领域的例子，这个领域我们确信与早期读写性质一样，实现突破思想的时机已经成熟。当然，为了符合学科和学生年龄的需要作一些修改是必须的。例如，不同于早期读写中将整个过程划分为主要阶段，而按照主题和主要概念比如数位值、百分比或者比率的划分更符合中学数学教学的实际。这些主题或者主要概念的顺序并不像在早期读写教育中的阶段顺序那么重要，但是在某个特定的主题或者主要概念里，很可能要有一套严格按照层次或者前后顺序划分的指标。

关于衡量进步的指标，最近几年已经做了很多这方面的工作，给教师提供详细描述的办法来每天跟踪学生在数学理解方面的进步。一个好例子是《概念手册：教师和学生的数学参考书》（America's Choice，2005），这本书被认为不仅是很好的教师参考书，同时对学生也很有帮助，这样使学生在管理自己的学习时更为主动活跃。

在数学教学领域的另一个改动是课堂分组和课堂组织形式应更

适合于中学数学教学。例如，可能不太强调小组教学而更注重学生两两配对。但是核心的思想是一样的：

1. 一套有力的评估工具，这套工具与每堂课的学习目的相配套，它使教师每日获得有关每个学生进步的准确的、综合的信息，这套工具的管理使用不会过度干扰正常的课堂秩序。
2. 一个不用太多时间而又能捕捉到过程评估数据的方法。自动分析数据，并把数据转换成可有效推动教学的信息，使教师很快即可做出教学方案，而无须等到将来。
3. 一种使用每个学生的评估信息来设计并实施个人化教学的措施；为教学而评估成为提高教学精确性的策略。
4. 一套嵌入的手段来监测和管理学习，测试哪些能有效地系统地提高课堂教学的效果，从而使之更加精确地应对教室中每个学生的学习需求。

我们现在来阐述这四个思想。

锁定不断发展中的改进

不可避免的，任何 CLIP 在开始阶段都有缺点，应该被看作一个需要测试的假设，和一套需要通过设计来逐步提高的过程和程序。因此采集实施 CLIP 中产生的数据并对此作出系统的分析和评价是很重要的，而且需要建立一个机制，更新关键路径，使其过程和程序不断改进。这就是所有通过设计来实现改进的主旨所在。

在个体学生的层面上，CLIP 意味着给学生提供详细的、不断更新的档案，能够累年追溯个体的学习历程。这是一个完整的历史

（是教师在每天的基础上建立的），关于什么时候在哪里这个学生遇到什么问题或者享受成功的喜悦，教学是怎样应对这些的。在这些信息的基础上，就可以作出针对**所有**学生的个体学习计划，而不仅仅针对那些远远落后于同伴的少数学生。就像一个人的医疗记录，这些历史意味着下一任教师在开始时对一个学生并不是毫无了解，而是有完整的、不断更新的该学生的记录，这使教师能充满信心地计划教学。学生的历史同样有助于教师与家长及监护人交流，提供关于这个孩子学习进展的精确信息，并就家长和监护人如何更好地支持孩子学习提出建议。

在班级的层面上，CLIP 能够允许监控课堂上所有学生的表现。支持那些学生进步缓慢的班级变得容易做到，因为数据指示出是否和什么时候开展了教学，以及是否和什么时候教学是有效的。关键路径不应当成为监督和控制教师的工具，而应当是协助教师并向他们提供自身所需的支持来提高课堂教学质量。

从系统的层面看，当 CLIP 在更多学校实施时，我们获得的数据能协助对个体学校提供更多有目标的支持，同样也有助于提供支持来解决所有学校面临的共同问题。现在我们很难发现一个学校系统是由关于学生日常进步的知识来推动前进，并且把创造条件使教师和学校管理者更好地改进学生学习作为自己的职责的。正如我们先前讨论过的，这种程度的一致努力和针对性恰恰是现在非常需要的。CLIP 能够产生信息并使系统发生变革，使它专注于改善学习这个核心事业。

最后，在宏观的层面上，我们可以看到一个在许多学校系统都能有效实施的 CLIP，这就能创造机会利用从大量课堂里获得的数据来更新和改善关键路径，以及支持它的结构和资源。更重要的是，我们就有机会致力于开发以设计为基础的研究和实验的系统项目。在第四章中我们已经指出，这是使课堂教学转变成为专家的、以科学为基础的、实施精确教学而不是奉指令行事的活动的关键所在。

构建系统

在这个阶段，读者可能会问我们是否遗漏了某个关键的步骤。怎样将从学前测试和学后测试中获得的数据，连同教师们日常使用的计划和监测教学的针对表中得到的信息，变成前文中我们设想的那样让教师使用？我们都知道，建立和维护系统的、数据驱动的课堂教学方法，并不是一件简单的事情，因为涉及后勤问题，尤其是需要在繁忙、复杂和技术原始的环境中捕捉和记录信息——大多数的课堂和学校就是这样的环境。

所有我们描述过的工具迄今都可以在教室中看到，只是复杂程度不同，大多数是以纸质媒介的形式存在。这些工具需要整合起来编进专家教学系统，收集和使用数据任务中的艰难工作就会容易得多。这样的系统将整合所有实施 CLIP 所需要的组成成分。

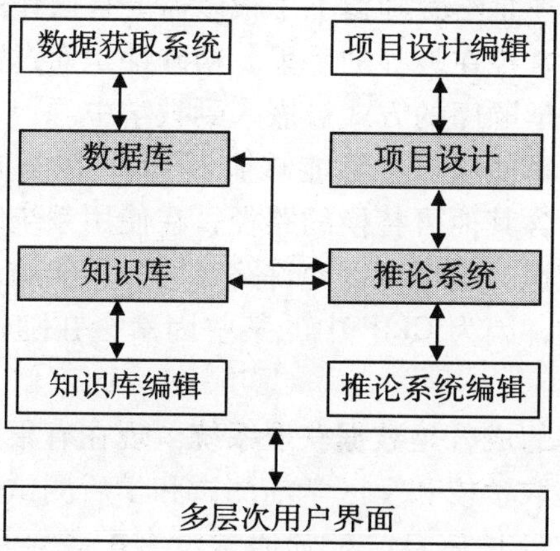

图 5.9　教学系统的组成

图 5.9 呈现出构成这样一个系统的关键成分。在这个系统的中

心是四个成分。**数据库**包含学生的最新信息，他们的进步情况和其他与教室、学校和系统特征相关的特点。**知识库**包含关键路径本身、教学策略、可获取的资源和其他相关信息包括支持的研究证据、常见问题的答案，等等。

推论系统的作用是经常地询问数据库和知识库，基本上通过一系列**如果这样则那样**的法则算式，给教师、教练、校长、系统管理者和项目职员提供所需要的信息和专家建议。这以一系列预制的格式或者用户生成的报告形式出现。重要的是，对教师来说，它将生成对下堂课的建议性的针对表，明晰如下事项：

- 建议的教学重点；
- 教学小组的数量和组成；
- 建议使用的教学策略；
- 教师可获得的资源。

当然，这样还是给教师留下了很多需要自己作的职业判断，教学本身仍然完全掌控在教师的手里。精确性是通过数据的线性组织和生成适合的教学顺序的方式被嵌入到教学中。

项目设计编辑使项目主管能够输入 CLIP 在不同教室里所实施的信息。它将包含其他可替换的路径，在使用系统时能适用于不同层次的经验和知识，这样可以允许路径的分步实施。它同时还辅助设计试验的管理，因为 CLIP 中的某些因素会在随机抽选的教室中系统地变化着。

还一个关键的成分是**数据获取系统**。现在有很多极好的系统的例子，可联机获取学校和学区学前测试和学后测试的数据。复杂之处是要每天获取评估信息。教师通常没有配备轻巧耐用的平板电脑。这种状况在未来将会改变。同时，最好的解决办法是使用扫描技术来获取这些数据，在每个学校配备助手来管理和维护这些数据库。这是一个廉价而快捷的方式，虽然看似教师每天多花了几分钟时间，但由于教学更精确更有效率，长远来讲可节省大量时间。

对用户来说，最重要的部分是**用户界面**，对不同的用户，它的样子是不同的，有不同的功能，对不同的用户提供层次控制性的不同的信息链接（比如，教师、教练/协调人、校长、系统管理者以及项目职员）。

构建这样一个系统是一个主要任务。确实，这只有通过严格地计划和实施大规模的、有足够资源支持的努力才能完成。这要求高额投资，并与公共资金支持的大学研究中心、学校系统及擅长于在线测试和发布的私营公司密切合作。我们相信，只有通过这样的共同努力和合作伙伴关系，突破才能实现。

构建这样的系统是一个技术性挑战。更困难的是使实施 CLIP 的学校和学校系统的思想和实践发生变化，课堂教学思想实现突破。这要求在系统的各个层面都具备实现突破的领导能力，我们将在下一章讨论这个题目。

第六章

实现突破的领导能力：前方的路

这一章我们首先简短地提醒读者突破需要什么，以及与这些需要相联系的当前学校的情况，接着我们将花大量时间讨论贯穿整个系统各层的突破领导能力。具有突破领导能力是解决问题的办法。运用我们已知的可以带来大规模成功变化的知识，对于这个雄心勃勃的事业至关重要。

需要什么

我们已经勾画出了针对性教学的基本含义，但这里我们强调它的基本含义是为了能够反向描绘出要获得突破的成果需要什么样的领导能力。

是的，个人化教学是基本的，而且我们需要更高的精确性来服务于每个学生的学习需求，但是实现这两个目标的关键是每位教师日常的专业学习。课堂是关键。很多口头承诺和相当多的政策动议都注重每个教室中都有一个合格教师的重要性，但是在我们看来，很少有政策制定者，或者与此相关的实践者，能真正理解日常基础上的教师素质意味着什么。素质不是一套静态的特征或特质，而是每天都需要改进的、不断扩展的实践行为。所以第一点是政策制定者和教育工作者需要理解学习型教师意味着什么。

第二点，看似矛盾的（然而不是），个体的不断学习首先是关联性学习。如果学校将这两者结合起来——日常学习与关联性学习——他们将很快意识到，有实质进展的学习是在情境中进行的，也就是在我们工作的环境中不断地完善。在情境中学习有两个好处：学习是与手边需要处理的情况紧密相关的；学习是共享的。

当然，一个人可能在给定的场景中学不到**新的**东西，或者学得很肤浅，甚至学了错误的东西——更糟糕的是还以为学对了呢。几乎没有人认识到在日常基础上面向每个学生的针对性教学意味着什么。本书第三至五章的内容显示，教师需要有继续学习的机会才能达到那么好。

当我们研究了那些深入学习过新教学策略的教师们的经历后，我们就能够感觉到需要什么。在一项对密歇根州实施新数学和科学政策的研究中，斯皮兰（Spillane，2004）发现那些从本质上改变了教学的教师，曾得到了来自其他教师和外界专家紧扣教学的精细的互动支持。他写道，

> 一天天的课堂实践是专业培训的核心元素［我们倾向于用专业学习这个概念］。教学的知识并不是从外界引进教室的商品，［而是］通过教师、管理者和外界专家之间的对话构建起来的。教师专业培训的课程遍布在学生的学习、国家标准、课堂课程材料和教师企图在实践中实施这些标准的努力中……教师学习和改革的动机与发展和保持教师之间互为专家和学习者的身份有关。（第60－61页）

斯皮兰（Spillane，2004）表明，深入持久地思考某一个想法对深层的概念转变是很关键的，这样的理解需要数年而不是几个月就能获得。而且，斯皮兰进一步发现教师的持续学习机会取决于学

校和学区的领导和协调能力。他发现问题在于教师获得持续学习的机会很少，只有不超过10% 的教师能有这样的机会（而且这样的机会也不能持久）。绝大多数教师从没有学到比表面水平更多的东西。

斯皮兰的研究与我们的提议的主要不同之处在于，他强调“最近的发明”，而我们在谈论变革整个系统，只有这样教师们才能得以持续地学习。因为随着新的思想融入学校内外日常的互动当中，“最近的发明”就不再是一个“发明”。

总之，教师总是需要完善的和有针对性的知识。这是一个永恒的主题。单纯的信息（教师们已经得到太多）需要通过互动转化成知识，而知识需要通过持续的互相作用才能变成智慧。教师需要经过一段时间成为专家，但只有在互动的条件下才有可能。

以上描述的过程需要两个互相促进的目的——更深和更精确的**知识**被不断地产生出来；同时，进一步向前推动这些知识的**动机**因此而不断地增强。因为系统是高度互动的，知识和动机不仅互相融合，而且逐渐具备共享这一重要特点。这意味着社会资本的力量被用于为所有人的学习服务。

学校需要系统的解决方案，因此，它们需要在已经具备的怎样进行改革和怎样教学的知识基础上再推陈出新。联结这两方面的是领导能力。为了说明这个问题，我们从变革知识开始。

使用变革的知识

由于我们有了不断增长的关于怎样成就大规模改革的知识基础和最近的经验，我们乐观地认为教育领域正在接近新的临界点。我们最近倡导三级改革方案（Barber & Fullan，2005；Fullan，2005），在以下三个层面进行改革：

1. 学校和社区层面；
2. 学区/地区层面；
3. 州/联邦层面。

我们首先从这项工作中总结以下十个结论。

1. 当实现道德目标的办法清晰可见时，大多数教师都会为此目标所鼓舞和激励。
2. 人们开始改变其行为要先于开始改变其信念。新的、正面的经历是激励源，特别是当它们与实现道德目标相关时。
3. 共同憧憬的未来和主人翁意识对成功来说，与其说是前提条件，倒不如说是结果。成功的系统通过有质量的学习过程和相应的结果建立起大家的共识和主人翁意识。
4. 在情境中学习是关键。即使最好的专业培训也只是为成功输入信息。而真正的进步发生在日常学习的环境中。
5. 在建立教师互相学习以及学校领导和教师为不断的完善而合作的文化方面，学校范围的专业学习社区非常关键。
6. 只有学区和系统的其他层面积极地促进和维护这些社区的发展，专业学习社区才能持续地起作用。
7. 学区和州必须将施压和支持有机地统合起来，这样系统中的每个人才会严肃地参与以结果为重点的能力构建。大多数政策制定者都忽视能力构建。能力构建涉及发展和推动知识、调动资源和促进激励机制等方面，采取策略以提高系统所有层面的集体效力。要缩小整个系统中学生的学习差距，提高整体水平，所有这些都是必需的。

8. 横向能力构建对传播知识和加强工作责任感非常关键。横向能力构建包括一系列使学校、学区、州甚至国家互相学习的策略。
9. 领导能力是系统变革的钥匙。这意味着领导致力于“突破”的重点，并通过促进其他领导的发展实现突破。
10. 变化从何开始并不重要，只要它是系统性的变革。“系统性的”是指要重点建立起服务于所有层面需要的专家教学系统。

以上结论呈现出一套能产生有效变化的基本组成成分，所有这些成分都是必需的，因为它们彼此促进和依赖，并形成正向运动的一个螺旋体。令人高兴的是，在许多教育系统里，我们看到这些成分存在于我们提出的三级改革方案的所有层面。几个同我们及其他研究者正在合作的学区正在沿着这条路向系统的改革方向前进。政策制定者越来越被能力构建所吸引，因为他们认识到当前的策略不可能取得大规模的成功。同时，上述这些特征在太多的例子里还没有被体现出来。在美国许多州，“不让一个孩子掉队”的改革（No Child Left Behind）就缺乏这些特征。突破的愿望是有的，但却没有针对性的策略进行能力发展（甚至没有认识到这样一个策略是必要的）。直到对能力构建的必要性有新理解时，“不让一个孩子掉队”才可能成功。

同样的，对未达标学校的改革的理解也过窄。通过研究不同国家帮助未达标学校的政策，迈克尔·富兰总结认为这些政策不仅过于狭窄和短视，而且实际上造成这些学校不能持续发展。突破的方案则更具根本性，而且必须是系统地、明确有力地集中于提高达标率且缩小学生间差距。如果不这样做，则会加剧在高绩效要求的环境中因失败而造成的对个人和社会都普遍有害的后果（Fullan，2006）。

总之，尽管还有很明显的错误政策和策略存在，但使之改正的知识和思想已经具备。我们的三级方案要求通过系统所有层面的突破领导能力将这些知识付诸实践。

突破的框架

在第一章，我们指出外部绩效系统并不认为需要发展学校和学区内部绩效。我们引用埃尔莫尔（Elmore，2004）的话，即当所有与学生学习相关的绩效问题本质上是个体教师的责任问题时，学校不能对外部绩效的压力作出反应。校长、学区领导和系统的领导在为教学质量负责方面处于不太有利的位置，因为他们对教什么都不太清楚，更别提怎么教了。

如果按第四章给出的教学系统，学校领导就处在非常不同的位置。他们能够真实地监控教学和学生的进步。就像医院管理在关键保健路径出现前，不知道该怎样控制支出和提高医疗保健质量一样，校长和学校领导目前缺乏工具和信息改进教学的精确性以及教学的效力和效率。

有了第五章中描述的工具和数据，学校领导不必等到年末（那时已太晚了）才去确定学生的成绩是否提高了。现在，每天都可能得到数据。这意味着学校领导可以马上知道哪些学生需要额外的帮助，而且确切地知道他们需要什么样的帮助。他们可以迅速地获知信息：哪些班级课堂教学进度太慢或太快，或者哪些班级学生进步得过慢或过快。这意味着学校领导能够给教师提供有的放矢的支持，而不是晚到无法改变结果的时候出来指责教师。更重要的是，学校领导掌握数据，能够使他们发现普遍存在的问题，展开调研以改进教学系统。

这为新型教学领导的前景提供了机会，学校和学区的领导不再因缺乏有关教室和学校的详细真实的信息而在黑暗中指挥。在新环境情况下，能够产生真正的内部绩效，学区学监和校长能够有根据且主动地领导和管理教学。

一个有力的框架将使新型领导能力奏效，这需要所有方面推动，学校才能跨越临界点。鉴于现在已有的行动，这是一个可行的主张。图6.1包含了我们提出的建议，即学校怎样才能接近令人激动的突破。我们将先勾勒出总的框架，然后讨论它对领导能力的意义。

图6.1 突破的构架

图6.1显示，有三个内部的核心功能，即我们的3P模型——个人化教学、精确性和专业学习。六个核心功能支持着3P：评估素质，学校和课堂组织，课堂教学，专业学习社区，干预与援助，以及家庭、学校和社区合作伙伴关系。最后，领导与协调功能横跨学校、学区和州三级结构，州一级的领导与协调使前两级和谐地发挥作用。

现在没有谁能建立这样横跨三个层面的系统，但是有很多有用的部分，用我们比喻的说法称之为“在教育事业的‘地下室’里已经有了很多有价值的东西”，供我们创造性地重新组合

(Abrahamson，2004)。我们涉及的维多利亚（澳大利亚）天主教学校和加拿大安大略省约克区的工作就是这样的两个例子，除此之外，还有很多其他的例子。现在需要的是有准备的主动领导能力，这种领导把个人和小组设法同系统中邻近的层面连接起来。最后，分布式领导使这个系统生效。这样的领导不涉及划分或委托领导责任，而是使领导围绕针对性教学而联合起来。这个系统模式必须是彼此关联的，并且要求是紧密的结合。我们在其他地方已经表述过，每个人都需要成为领导者，来自所有层面的领导者必须参与转变整个环境。这些人就是我们所指的"行动中的系统思想者"(Fullan，2005)。

我们能够描绘出这个系统的主要功能，而教育领导者需要创建系统改革的实例。系统内部的核心是我们的3P模型。道德目标、可持续的优秀实践和为所有学生服务的教育组成了每所学校每个教室的核心工作。

要想使3P模型发挥作用，系统必须具备突破框架第三圈的六项功能。这六项功能代表了专家系统的内容。我们知道这看起来是什么样的，因为这六项功能已经在一些学校和学区发挥作用（Hill & Crévola，1999）。我们需要提醒读者注意森奇（Senge，1990）的系统标准——如果任何一个成分缺失或者表现欠佳，模型就无法工作。

评估素质包括标准、目标和使用数据，通过对学习的评估以及为学习服务的评估来指导教学。标准和目标代表对学生成绩的期望值，需要反映在明确的标准当中，这些标准应当参照其他学校或者学校系统的标准，确保它们反映有效的实践。标准和与之相关的目标组成了重新设计学校运作方式的起点，使达标成为学校的第一要务。这样的标准不需要也不能从上面强硬实施。尽管这么做很复杂，但标准和目标还是需要通过三个层面的协商确定，最重要的是，其他五个功能必须为制定标准和目标不断地提供信息服务。

除了标准和目标，评估素质还包括使用评估数据来推动教学。

所有的领导都需要有能力周而复始地使用信息来改进教学和参与外部对教学情况的讨论。教和学涉及经常地监控和评价学生。这项工作的设计需要确保所有学生在所有关键指标上进步的信息都被一致地、连贯地、定期地记录下来。评估工作对于是否达到目标非常重要。有效力的教师仔细监控学生的进步，这样能够保证每个学生总是在其自己的能力层次上学习。的确，监控和评价最重要的功能是帮助教师给每个学生做一个案例记录，为教学建立起点，使用这些诊断信息驱动课堂教学。因此，教育工作者需要成为专家，将学习评价和为学习服务的评价与标准和目标联系起来。

学校和课堂组织涉及建立和不断地改进条件，为针对性教学提供外在的支持。为使学生投入学习的时间最大化，为支持教学应对学生的需要、兴趣和学习准备情况，学校的组织结构和过程必须是一个整体。比如，保证充足的时间来学习必须掌握的东西，并且尽可能地不被打扰，都很重要。在规模较大的学校里，要有到位的组织结构来提高一致性、关爱和认同感，不能导致学生间产生互相隔离和疏远的感觉。同样重要的是课堂组织要有助于开展针对性教学。学校和学区的领导要知晓有关课堂规模以及不同形式的学校和课堂组织对教学的影响等问题的研究，包括班内的分组教学。这些问题不仅极大影响校内可利用资源的配置，而且影响教师根据学生需要、特点和才能提供针对性教学的能力。

构成有效教学的**教室教学策略**是结构化的，并且要有针对性地满足课堂上每个学生的需要。它要求教师有能力详细地了解孩子们怎样学习；要求具有发展很好的教室常规、结构、组织和管理；以及教师有能力使用一系列课堂实践和策略来激发学生投入学习的积极性。

专业学习社区必须存在于学校内，但我们也使用这个术语来指明连接其他学校、学区和州的人事和专业网络的学习活动。系统的能力构建要求建立横向和纵向的学习关系。针对改进学校教学的任何设计都有一个关键的因素，即为教师提供有效的、不断进行的业务学习机会，这种机会不仅提高个人学习力，还提高组织和系统作为一个整体的业务学习力。换种说法，提高学校学习的设计核心是营造提升组织机构学习能力的文化、系统和步骤。业务学习通过离校与在校学习相结合而发挥作用，主要是通过演示教学、指导、辅导以及听取与反思教师实践和进步的机会。

即使是最好的课堂教学，也仍有一些学生不能取得令人满意的进步，这时就需要**干预和援助**。这些学生包括残疾生、家中没有书和家长认为在学校学习没用的学生，还包括有严重情感障碍干扰学习以及短时间或经常缺课的学生。对这部分学生，学校需要建立系统和程序，提供课堂教学通常不能提供的支持和援助，使其尽快赶上他同学。没有及时和有效的干预，这些学生将在学业上越落越远，自尊心受挫，对学校感到生疏。对成绩最差的学生，一对一或者很小的小组教学似乎是唯一能将他们带回到标准课堂，把他们转化成主动的、投入的学习者的办法。

家庭、学校和社区合作伙伴关系涉及建立以上三者之间的连接；这三者的伙伴关系在所有层次的学校教育中都很重要。一系列有力的研究成果显示，当家长、看护人和社区支持学校的工作、参与学校的活动时，学生会取得更大的进步。但为使学校有效力，单建立学校与家庭的联系是不够的，还需要学校与家庭及社区建立综合的、永久的合作项目。我们已经发现，当教师和学校作为一个整体变得更加有效力时，他们会更多地与社区联系，寻求外界的合作伙伴，作为解决问题的重要组成部分；而当教师缺乏效力时，他们似乎不愿冒险而更情愿待在教室里，进而使问题更加恶化。

实现突破的领导能力

“突破”框架的外圈是能使“突破”系统有机会被建立起来的领导能力和协调机制。成功取决于培养系统所有层面的领导能力。

成功取决于有发展能力的能培养新领导的领导，这些领导们在一起将形成一个互动的联合的领导集体，来领导跨系统的三个层面——学校、学区和州的改革（Fullan，2005）。

学校领导

如果我们所描述的系统能够建立起来，每个教师就能更大程度地成为领导者，因为教师将是互动的专家学习者。要取得进步，尤其是在早期阶段，校长是关键，同时至少还要有一个校内的改革负责人（我们在这里过度简化，但是这个被称为第二改革负责人的人，比如语文负责人，对围绕改革开展工作是很重要的）。高效力学校研究一直注重有力的领导能力的重要性。教育领导能力比较弱、效力不高的学校也可能会有好的教学，但一般是很难取得的。如果没有好的教育领导能力和协调能力，变革和持续改进是不可能实现的，特别是寻求整个学校的改革。就像我们说过的，教育领导能力和协调能力并不只是校长的责任：它们能够而且应当在机构的所有层面上行使。特别值得注意的是，作为教学带头人的优秀教师应起到关键作用。应当给这些教师时间使他们能够互相协调，形成专业学习团队，作为指导老师、教练和学习带头人行使职责。不过校长的责任是确保在所有层面的领导和协调都在发挥作用，分配足够的时间以履行每个职责，比如行政管理、人事管理、学生健康成长问题，等等。

除了校内的支持，我们的模型还要求学校领导积极地投入到外部专家系统中去。学校具有道德责任和学术责任：向其他学校和机构学习，同时给其他学校和机构贡献他们的知识。我们见证的一些最有成效的学习（和增强的道德责任），来自多个学校间长期的横向的能力建构与合作关系。

所有这些都是很高的要求，我们已经建议对系统进行实质性的修补，重新定义校长的职责。现在，校长的职责被过多的包袱和太多的要求所牵制，使他们从学校主要的教学使命中分神。大家都基本上同意，校长是关键，但现行的系统不能使校长的关键作用正常发挥。我们建议学区和州重新审视校长的职责，通过更有效地规定校长的管理和职责，减少对他们工作的干扰。我们不主张一个批量的重建方案，那样将是一种资源浪费。相反，我们更愿意从本质上解决问题，将校长工作重心扭转为学校领导者，使其职责更加集中到实施图 6.1 列出的议程上。未来的校长需要知道更多关于教和学以及与之相关的支持系统的知识。

在学校内，领导的角色是把握工作重心，为所有教师提供针对性的专家支持系统，强调在每个教室里实现更高的精确性教学和个人化教学。这是必须做的，同时还要促进与系统其他部分建立起的密切联系和合作。尽管我们最原始的重心是课堂教学，学校职员还是需要知道有关大系统的问题和责任。我们同意海费茨和林斯基（Heifetz & Linsky，2002）的观点，有成效的领导需要既能积极参与前台各项工作，又能在后台冷静地审视。系统就是这样变革的。

学区的领导

校长要保证领导和协调教师们，学区领导的角色则是引起整个系统的变革，即使学区内所有学校按照我们描述的原则运行。而且，在“突破”的领导下，学区必须关注其他学区和州的政策制定者的工作。我们曾与大小不一的各类学区合作过，小的辖区内只有 3 所学校，大的有 600 多所学校。很清楚的是，实现突破的具体办法与学区大小密切相关。很小的学区需要与其他学区建立学习关系。大的学区必须分成小组，并注意这些小组之间不能相互隔绝。

在所有情况下，学区是学校和州之间关系的调停者。特别是学区的角色可以通过图 6.1 的视角来解释。学区角色的中心涉及形成所有学校、所有教室的道德使命，这个使命是与教学的个人化、精确性和专业学习相联系的。其主要任务是聘用、留住和培养教师及其他领导者——找到和保留正确的人在正确的座位上。一个分布式的领导系统——领导者促使将教与学作为工作重点，同时培养使其他领导让他们沿着我们设定的目标进一步前进——是非常重要的。

学区通过图 6.1 所示的六大功能影响学校。它作为三级系统（学校，学区，州）的一部分，澄清标准，协商目标。学区在资源提供和评价系统的技术和流程上起实质作用。对学习的评估和为学习服务的评估取决于及时获取正确信息，大多信息应在当天获得。学区领导必须和学校领导一起，找出学校团队之间和学校之间合作互动的合适方式，使他们在如下工作中需要这样的合作：通过专业学习社区进行能力构建，确定服务于不同学习需要的教学实践，领先进行难度大但却很关键的与学生家长和社区形成合作伙伴关系的工作。当某些学校不能满足全体学生的学习需求时，学区必须出面干预。

对外，学区是一个积极的活动者，向其他学区学习，对其他学区的发展作出贡献，架设与州一级的政策制定者和与整个系统运作的双向交流桥梁。我们再一次说明，在我们熟悉的一些国家里，这些建设正在进行当中。问题是怎样在已有工作的基础上，更深入地发展并将好的做法推广到其他学区。

已经有学区向这个方向发展的成功例子（见 Sharrantt & Fullan，发表中）。尽管我们强调每个教师、每个校长都应进行专业学习，但不要曲解——如果没有学区领导动员所有学校致力于这个集体的学习过程，这种在工作中进行的专业学习是不可能发生的。

州的领导和其他大人物

我们开始讨论主要的政策制定者——州的角色，我们不深入研究一些国家中联邦/州之间错综复杂的关系。不管结构是什么样的，我们的主要观点是一样的。正像没有学校和学区的领导教师不能一起前进一样，没有新的州/联邦的领导，学区和系统也无法取得进步。正如我们在前面说过的，我们所提出的思想正在起作用——这些思想鼓舞士气，是因为取得了成果；正是因为取得了成果，这些思想从政治的角度也能发挥作用。

在过去的20年间，州成为一个日益显著的角色，然而非常不幸的是，他们只是片面地把注意力集中在外部绩效上。我们同意埃尔莫尔（Elmore，2004）的观点，如果不伴随着内部绩效（学校和学区）要求，就不可能产生有效的外部绩效。我们的模型主要建立于发展学校的内部能力，使他们变得更有效力、更可信赖。

从这点引发开来，州的政策制定者和高级政府官员需要进行与以往不同的思考和行动，需要其他领导的帮助。激励领导们这样做的原因是，他们意识到当前的系统运转有问题（比如，政策实施不能达到其目标），基于各种经济的和社会健康与福利的原因，大多数领导对提高公立学校系统的质量有极大的兴趣。那些只专注于最新发明或者狭隘的干预计划的政策制定者和教育工作者，还没有清醒地认识到成绩好和差的个体之间的经济和教育的差距将导致严重的社会后果。巨大的差距将影响到社会健康发展的核心以及未来社会民主的繁荣本身（Fullan，2006）。随着更多突破的实践，政府的领导可以向其他国家致力于突破性改革的同行学习。人们向同行学习是最有效的。为什么选举产生的官员和高级行政人员就不同呢？

我们建议州的领导从我们的起始点着手。解决的办法是致力于每一个教室的课堂教学，取决于每位教师每天都在其间学习的系统。这意味着政策和资源配置必须使图6.1所示的因素和谐运行。

- 澄清标准，协商目标，使学区和学校领导理解并将之作为自己的标准和目标——我们要提醒读者，任何一个因素都不是独立的，是得到其他五个因素支持并与其他五个因素互相关联并结合起来发挥作用。
- 配置资源，建立有效的评估系统，评估学习效果并为学习服务。几乎没有什么策略比投资大规模的评估素质更高产。

- 调整政策方向和资源配置方式，建立与评估、课堂教学策略、家庭与学校的合作关系有关的革新系统。
- 支持学区在地方发展有力的、建基于道德目标和专业学习的领导能力。
- 当发现学生没有得到应有的服务时，干预学校或学区的工作。

我们的模型基于相互的原则。州需要做上述自己的工作，当它这样做了，它有权利得到其他层面相应的行动。尽管我们不建议任何一个层面等待其他层面来行动，但从长远来讲，系统因相互配合而得以持续运转。中心思想是创造条件让所有的借口从谈判桌上消失，然后期待结果。

州还能影响和联系其他大的参与者，包括商业机构、基金会、大学、职业协会和非营利组织，所有这些机构都将对在创建变革的教育系统过程中把系统推向变革临界点起着重要作用。在第四章中，我们特别强调过需要转变对教育研究角色的看法，需要进行更多以设计为基础的研究来开发和测试能支持针对性和个人化的教学系统。州能够利用资金投入来促进研究团体更多地参与大规模研究和开发，以创建突破性的教学系统。

结　论

正如我们一开始时说过的，我们写此书的目的是鼓励、肯定那些已经沿着 3P（个人化、精确性和专业学习）前进的学校和学区，并向他们提供新思想。他们当中有一些已经距实现我们倡导的“突破”不远了。很多已经非常接近，很可能在未来十年里实现

“突破”。对于那些还没有想要朝突破方向努力的，我们希望提供极具说服力的理论来鼓励他们认真严肃地对待这项事业，仔细寻找他们能做什么，来实现他们极其需要但却尚未实现的变革。我们预测，那些试验者将发现很多人已在为实现突破做着不懈的努力。其实，学校并不需要从头开始，大部分基础性工作已经完成。

在公立学校中突破已迫在眉睫。在未来世界里，没有任何事情比快速而持续地提高公立学校系统、更好地为所有学生服务更加关键。学校比以往任何时候都更接近这个宏伟的目标。

有时，就像诗人谢默斯·希尼（Seamus Heaney）说过的，“历史和希望应韵而生。”我们不知道是否真的到了这样的时刻，但是我们确信学校能够以合理的努力创造让历史和人们的希望共韵。养育一个孩子需要整个村庄，但培养每个孩子则需要一个系统，而“突破”就是要孕育这样一个系统。

参考文献

Abrahamson, E. (2004). *Change without pain.* Boston: Harvard Business School Press.

Abrami, P. C., Lou, Y., Chambers, C., Poulsen, C., & Spence, J. C. (2000). Why should we group students within-class for learning? *Educational Research and Evaluation,* *6*(2), 158 – 179.

America's Choice. (2005). *Concept book: A mathematics reference for teachers and students.* Washington, DC: Author.

Barber, M., & Fullan, M. (2005, March 2). Tri-level development: It's the system. *Education Week,* pp. 15 – 16

Black, P., & Wiliam, D. (1998a). Assessment and classroom learning. *Assessment in Education,* *5*(1), 7 – 74.

Black, P., & Wiliam, D. (1998b, October). Inside the black box: Raising standards through classroom assessment. *Phi Delta Kappan,* *80*(2), 139 – 148.

Borman, G. D., Hewes, G. M., Overman, L. T., & Brown, S. (2003). Comprehensive school reform and achievement: A meta-analysis. *Review of Educational Research,* *73*(2), 125 – 230.

Borman, K., & Associates (2005). *Meaningful urban education reform.* Albany: State University of New York Press.

Burkhardt, H., & Schoenfeld, A. H. (2003). Improving educational research: Toward a more useful, more influential, and better-funded enterprise. *Educational Researcher,* *32*(9), 3 – 14.

Burney, D. (2004). Craft knowledge: The road to transforming schools. *Phi Delta Kappan,* *85*(7), 526 – 532.

Carroll, J. B. (1989). The Carroll model: A 25-year retrospective and prospective view. *Educational Researcher, 18*(1), 26 – 31.

Clay, M. M. (1993). *Reading recovery: A guidebook for teachers in training.* Portsmouth, NH: Heinemann.

Clay, M. M. (1998). *By different paths to common outcomes.* York, ME: Stenhouse.

Cohen, D., & Hill, H. (2001). *Learning policy.* New Haven, CT: Yale University Press.

Cohen, D. K., Raudenbush, S. W., & Ball, D. L. (2003). Resources, instruction, and research. *Educational Evaluation and Policy Analysis, 25*(2), 119 – 142.

Cortazzi, M., & Jin Lixian. (2001). Large classes in China: "Good" teachers and interaction. In D. A. Watkins & J. B. Biggs(Eds.), *Teaching the Chinese learner: Psychological and pedagogical perspectives* (pp. 115 – 134). Hong Kong: University of Hong Kong, Comparative Education Research Centre.

Crévola, C. A., &Hill, P. W. (2000). *Children's literacy success strategy : An overview* (2nd ed.). Melbourne: Catholic Education Office.

Crévola, C., & Vineis, M. (2004a). *Building essential literacy with Bookshop: A research-based reading program.* New York: Mondo.

Crévola, C., &Vineis, M. (2004b). *Managing assessment and instruction: Grade 1.* New York: Mondo.

Cross City Campaign for Urban School Reform. (2005). *A delicate balance: District policies and classroom practice.* Chicago: Author.

Datnow, A., & Stringfield, S. (2000). Working together for reliable school reform. *Journal of Education for Students Placed at Risk, 5* (1), 183 – 204.

The Design-Based Research Collective. (2003). Design-based research: An emerging paradigm for educational inquiry. *Educational*

Researcher, 32(1), 5–8.

Earl, L., Fullan, M., Leithwood, K., & Watson, N. (2003). *Watching & learning: OISE/UT evaluation of the national literacy and numeracy strategies.* London: Department for Education and Skills.

Elmore, R. F. (2004). *School reform from the inside out: Policy, practice, and performance.* Cambridge, MA: Harvard University Press.

Elmore, R. F., & McLaughlin, M. (1988). Steady work: Policy, practice, and the reform of American education. Santa Monica, CA: Rand.

Fielding, L., Kerr, N., & Rosier, P. (2004). *Delivering on the promise.* Kennewick, WA: The New Foundation Press.

Fountas, I. C., & Pinnell, G. S. (1996). *Guided reading: Good first teaching for all children.* Portsmouth, NH: Heinemann.

Fullan, M. (2005). *Leadership and sustainability.* Thousand Oaks, CA: Corwin.

Fullan, M. (2006). *Beyond turnaround leadership.* San Francisco: Jossey-Bass.

Gladwell, M. (2000). *The tipping point: How little things can make a big difference.* New York and Boston: Little, Brown.

Good, R. H., & Kaminski, R. A. (Eds.). (2002). *Dynamic indicators of basic early literacy skills* (6th ed.). Eugene, OR: Institute for the Development of Educational Achievement.

Hargreaves, A. (2003). *Teaching in the knowledge society.* New York: Teachers College Press.

Hargreaves, A., & Fink, D. (2006). *Sustainable leadership.* San Francisco: Jossey-Bass.

Hattie, J. A. (1999, June). *Influences on student learning.* Inaugural

Professorial Address, University of Auckland.

Heifetz, R., & Linsky, M. (2002). *Leadership on the line.* Boston: Harvard Business School Press.

Hill, P. W., & Crévola, C. A. (1999). The role of standards in educational reform for the 21st century. In D. D. Marsh (Ed.), *ASCD Yearbook 1999: Preparing our schools for the 21st century* (pp. 117 – 142). Alexandria, VA: Association for Supervision and Curriculum Development.

Howe, I. (1969, February). Steady work. *Commentary, 47*(2).

Leadbeater, C. (2002). *Learning about personalization.* London: Innovation Unit, Department for Education and Skills.

Marzano, R. J. (2003). *What works in schools: Translating research into action.* Alexandria, VA: Association for Supervision and Curriculum Development.

Roos, B., & Hamilton, D. (2005). Formative assessment: A cybernetic viewpoint. *Assessment in Education, 12*(1), 7 – 20.

Sadler, D. R. (1989). Formative assessment in the design of instructional systems. *Instructional Science, 18,* 119 – 144.

Senge, P. (1990) *The fifth discipline.* New York: Doubleday.

Sergiovanni, T. J. (2000). Changing change: Towards a design science and art. *Journal of Educational Change, 1*(1), 57 – 75.

Scheerens. J., & Bosker, R. J. (1997). *The foundations of educational effectiveness.* Oxford, UK: Pergamon.

Sharratt, L., & Fullan. M. (in press). The school district that did the right things right. *Journal of School Leadership.*

Simon, H. A. (1996). *The sciences of the artificial: How schools misunderstand education policy.* Cambridge, MA: The MIT Press.

Spillane, J. P. (2004). *Standards deviation.* Cambridge, MA: Harvard University Press.

参考文献

Stenner, A. J. (1996). *Measuring reading comprehension with the Lexile Framework.* Paper presented at the California Comparability Symposium, Burlingame, CA, October 31, 1996.

Stiggins, R. (2004). New assessment beliefs for a new school mission. *Phi Delta Kappan, 86*(1), 22 – 27.

Stigler, J., & Heibert, J. (1999). *The teaching gap.* New York: Free Press.

Stringfield, S., Ross, S., & Smith, L. (Eds.). (1996). *Bold plans for school restructuring: The New American Schools designs.* Mahwah, NJ: Lawrence Erlbaum.

Tharp, R. G., & Gallimore, R. (1988). *Rousing minds to life.* Cambridge, UK: Cambridge University Press.

Tomlinson, C. A. (1998). *The differentiated classroom: Responding to the needs of all learners.* Alexandria, VA: Association for Supervision and Curriculum Development.

Vygotsky, L. (1978). *Mind in society: The development of higher psychological processes* (M. Cole, V. John-Steiner, S. Scribner, & E. Souberman, Eds. & Trans.). Cambridge, MA: Harvard University Press.

Whitehurst, G. J. (2004). *Making education evidence-based: Premises, principles, pragmatics, and politics* (IPR Distinguished Public Policy Lecture Series 2003 – 04). Evanston, IL: Northwestern University, Institute for Policy Research.

Wilson, K. G., & Daviss, B. (1994). *Redesigning education.* New York: Henry Holt.

Wood, D. J., Bruner, J. S., & Ross, G. (1976). The role of tutoring in problem solving. *Journal of Child Psychology and Psychiatry, 17* (2), 89 – 100.

责任编辑　刘明堂
版式设计　尹明好
责任校对　徐　虹
责任印制　叶小峰

图书在版编目(CIP)数据

突破/(加)富兰,希尔,(澳)克瑞沃拉著;孙静萍,刘继安译.—北京:教育科学出版社,2009.5(2017.3重印)

书名原文:Breakthrough

ISBN 978-7-5041-4613-7

Ⅰ.突…　Ⅱ.①富…②希…③克…④孙…⑤刘…　Ⅲ.教育改革—研究　Ⅳ.G511

中国版本图书馆CIP数据核字(2009)第022997号

北京市版权局著作权合同登记 图字:01-2008-3915号

出版发行	教育科学出版社		
社　址	北京·朝阳区安慧北里安园甲9号	市场部电话	010-64989009
邮　编	100101	编辑部电话	010-64981167
传　真	010-64891796	网　址	http://www.esph.com.cn
经　销	各地新华书店		
制　作	北京金奥都图文制作中心		
印　刷	保定市中画美凯印刷有限公司	版　次	2009年5月第1版
开　本	155毫米×230毫米　16开	印　次	2017年3月第7次印刷
印　张	8.25	印　数	17 501—20 000册
字　数	100千	定　价	20.00元

Original English Title:

Breakthrough

By Michael Fullan, Peter Hill, Carmel Crevola